ちくま新書

完全教祖マニュアル

架神恭介
Kagami Kyosuke
辰巳一世
Tatsumi Issei

814

完全教祖マニュアル【目次】

はじめに

みなさんは、人に尊敬されたい、人の上に立ちたい、人を率いたい、人を操りたい、そんなことを思ったことがありませんか？　でも、自分には才能がない、学がない、資産がない、そんなのは一部のエリートだけの特権だ、等と理由を付けて夢を諦めていませんか？　確かに、これらの夢を叶えることは非常に難しいことです。ですが、悲観することはありません。何も持たざるあなたにも、たった一つだけ夢を叶える方法が残されています。そう、それが教祖です！　新興宗教の教祖になれば、あなたの夢は全て叶うのです！

「でも、教祖って難しいんじゃないの？」

「霊感を受けたり、悟りをひらいたりしないと教祖ってなれないんじゃないの？」

いいえ、それは全くの誤解です。教祖は決して難しいものではありませんし、特別な才能や資格も要りません。たとえば、ベツレヘムで生まれた大工の息子も、三〇歳を過ぎてからのたった三年間の活動で、世界一有名な教祖としてサクセスしたのです！　しかも、彼には本書『完全教祖マニュアル』はありませんでした。本書を手にした皆さんは、彼よりも遥かに有利なスタートを切ることができるのです。自覚して下さい。あなたのサクセスライフは本書を手にした今このとき、既に始まっているのです!

実際のところ、これまでも様々な宗教解説書が発売されてきましたが、「どうすれば教祖になれるのか?」という肝心の疑問に答えた書籍は一冊もありませんでした。その点、本書は様々な宗教の成功例を論理的に分析し、あなたの成功に役立つ部分だけを抽出した大変科学的なマニュアルです。あなたも成功したいならば、ぜひ素直な気持ちで本書を読み進めていって下さい。凡人凡俗であるあなたでも、本書を熟読し、忠実に従うだけで、間違いなく教祖になれるのです!

ところで、本書は誰でも簡単に教祖になれる実践マニュアルですが、しかし、本書を手にした読者の中には、「オレはお前達のような紛《まが》い物とは違う。オレは本当に神の啓示を受けたのだ」という方ももちろんいらっしゃることでしょう。「だからオレにはマニュアルなど必要ないのだ」と思われるかもしれません。いいえ、ですが、そんなあなたにこそ、本書は必要なのです。というのも、教祖には二つの要素が必要だからです。その一つが「思想」であり、もう一つが「実践」です。あなたは直接神から啓示を受けました。確かに「思想」は問題ないでしょう。ですが、「実践」はどうですか? あなたは神の啓示を効率的に広め、教団を立ち上げ、運営し、成功させる自信が本当にありますか? 「思想」と「実践」は全く別のスキルなのです。あなたもせっかく神から啓示を授かったのですから、できるだけ多くの人に確実に啓示を伝えたいですよね？

ご安心下さい。本書は「思想」のみならず、教団運営の「実践」もマニュアル化しています。数々の伝統宗教を参考に、信者の獲得から免罪符の販売まで懇切丁寧に指導していますから、あなたはこれを参考にして、神の啓示を者どもへ伝えれば良いのです。古代ユダヤ社会にもたくさんの預言者が現れましたが、彼らの多くは信じてもらえず、偽者扱いされ、石で打ち殺されて無惨な最期を遂げました。我流で挑めば、あなたも彼らの二の舞となってしまうでしょう。ですが、ラッキーなことに、あなたはいま本書を手にしているのです。神の啓示を受け取ったあなたこそ、本書を熟読し、役立てるべきなのです！

大事なことなのでもう一度言います。教祖は決して難しいものではありません。本書を読めば誰でも簡単に教祖になることができます。本書は様々な宗教の分析から構築された極めて科学的なマニュアルです。科学ですから決して怪しい本ではありません。皆さん、本書を信じて、本書の指針のままに行動して下さい。本書の教えを遵守すれば、きっと明るい教祖ライフが開けるでしょう。教祖にさえなれば人生バラ色です！　あなたの運命は、いままさにこの瞬間に変わろうとしています！　本書を信じるのです。本書を信じなさい。本書を信じれば救われます——。

序章

キミも教祖になろう！

†教祖ってなに？

では早速、教祖になるための第一歩を踏み出しましょう。あなたの輝かしい教祖ライフも全てはこの一歩から始まるのです。

ですが、教祖になると言っても、一体何から手を付けて良いのか分からない人がほとんどですよね？　無理もないことです。私たちの知っている教祖たち。たとえばイエスや釈《しゃ》迦《か》などは既に伝説化された存在であり、いわば教祖の完成形です。そこに至るまでどんな段階があったのか、彼らがまず何から着手したのかよく分かりません。あまりにも取っ掛かりがないので、なんだか教祖ってとても難しいことのように思えてきます。そこで、まずは教祖というものがどういうものなのか、どうすれば教祖になれるのか、そこから考えていきましょう。

では、最初にもっともシンプルな教祖の姿を提示します。教祖の成立要件は以下の二要素です。つまり、「なにか言う人」「それを信じる人」。そう、たったのふたつだけなのです。この時、「なにか言う人」が教祖となり、「それを信じる人」が信者となるわけです。

たとえば、いま、あなたの目の前に、奥さんの膝でガタガタ震えている男がいるとしましょう。彼は姉さん女房に泣きつき、自分を襲った怪奇現象を必死に訴えています。「本当なんだ。超自然的存在がオレの首を絞めたんだ」。彼女は夫を慰めて言います。「あなたの言うことを信じるわ」。そうです。この瞬間、夫は「教祖」となったのです。ちなみに、この男の名をムハンマドと言います。ご存じ、イスラム教の教祖ですね。彼の首を絞めたのが天使ジブリールであり、この時、ムハンマドはジブリールから神の偉大さなどを伝えられました。そして、これがイスラム教のスタートとなったのです。

もしも、ムハンマドの奥さんが信じてくれなかったらどうでしょう？　彼も他の預言者たちのように石で打たれて殺されていたかもしれません。彼は「信者」を得たからこそ、「教祖」となりえたのです。

どうでしょうか？　手始めに教祖の最小成立要件を提示しましたが、こうして見ると、教祖になることもそんなに難しくないことのように思えてきませんか？　たった一人でいいから、誰かがあなたの言葉を信じてくれれば良いのです。たとえば、あなたがいま何となく思いついた戯《ざ》れ言《ごと》。これをインターネットの掲示板にでも書き込んでみて下さい。それを誰か一人でも鵜呑みにして信じたなら、あなたはその瞬間から教祖と言って良いでしょう。とりあえずこの時点では、豪華な宗教施設も、細やかな理論も、全知全能の神も必要ありません。一名以上の他者に信じられた時点で、あなたは十分に教祖たる資格を得たのです。

しかし、そんな適当なやり方では、おっちょこちょいな何人かはうっかり信者になっても、それもすぐに頭打ちとなってしまうでしょう。あなたが目指す夢の教祖ライフにはまだまだ遠いはずです。社会的にも教祖と名乗るのはまだ恥ずかしいですよね。問題はこれから先です。どうすれば効率的に信者を獲得できるのか。それは本書のもう少し後の方でレクチャーしていきます。

†教祖はこんなに素晴らしい！

では、次の問題です。教祖は一体何をするものなのでしょうか？　この答えは簡単です。教祖は人をハッピーにするお仕事なのです。教祖というと、どうしてもうさんくさいイメージが付きまといますよね。人を洗脳し、お金を巻き上げ、思うようにこき使う。宗教なんかにハマってしまうと不幸になってしまう。――とんでもありません！　事実はその逆です。教祖は人をハッピーにする素敵なお仕事なのです！　イエスは何をしようとしましたか？　戒律により硬直化した社会を打破し、人々をハッピーにしようとしたのです。釈迦は何をしようとしましたか？　輪廻転生《りんねてんしょう》によるカースト制度を打ち破り、人々をハッピーにしようとしたのです。分かりますね？　あなたの使命もやはり「人をハッピーにすること」なのです。

もちろん、人をハッピーにするあなたのお仕事が人から尊敬されないはずがありません。教祖になれば、信者からの尊敬ももれなく得られるのです。人を騙してお金を稼ぎたいだけなら詐欺師にでもなれば良い話です。しかし、教祖は違います。人をハッピーにして尊敬を受ける職業なのです。教祖はお金も稼げますが、お金を受け取るのは、あくまで人をハッピーにした代価です。騙して巻き上げているわけではありません。

なお、社長もお金を稼ぐことはできます。しかし、教祖と比べて尊敬はどうでしょうか？　企業が愛や平和を公言してもどこか嘘臭さが漂いますよね。綺麗事だけで生産活動はできませんから。たとえば、農業だって畑を耕せば土の中にいた生き物を殺してしまうかもしれません。「おいおい、そんなこと言ったら何もできないじゃないか」と思うでしょうが、そうです、何もしないのが教祖なのです。上記のような理由から本来仏教では農業をしません。代わりに乞食《こつじき》をして人から食べ物をもらって暮らしています。ここまでするからこそ、彼らは堂々と綺麗事が言えるのです。会社を守るため、社員を食わせるために、時には非情な決断も迫られる社長。対して、常に綺麗事ばかり言っていればいい教祖。尊敬を得るにはどちらの立場が有利か言うまでもありませんよね？

また、立場的に見ても、教祖は社長と比べてトップとしての安定感が段違いです。社長は経済活動ですから、倒産など失敗が目に見えて分かります。ライブドアの堀江元社長のように一時は権勢を誇っていても、失敗した瞬間に敗北者に決定してしまうのです。しかし、教祖は違います。そもそも言ってることに正しいも間違いもないのですから明確な失敗というものがありません。たとえ、失敗したように見えても、後世で評価がひっくり返ることとすらあります。イエスも三年活動しただけでしょっぴかれてしまい、ユダヤ社会の改革も為せぬまま処刑されたのですから、世俗的な感覚で言えば間違いなく失敗者でしょう。しかし、いま彼が全世界から受けている尊敬を考えれば、とても失敗者とは言えませんよね。教祖の地位とはこれほど堅牢なものなのです。

さらに、あなたの教団が見事に大教団として成功した暁には、これはビジネス上の成功など比べようもない絶大な影響力を持つことになります。あなたの教えが広く伝わった時、あなたの思想は文化となり、伝統となるのです。たとえば日本における仏教美術を見て下さい。仏教伝来から一五〇〇年もの間、日本中の一流のクリエイターたちが腕を競って、「仏像」という等身大フィギュアを作り続けてきたのです。さらに天平《てんぴょう》時代には国家が全面協力して奈良に一五メートルもの巨大な盧舎那仏《るしゃなぶつ》フィギュアが作られています。金も人材も芸術的才能も惜しみなく投入されているのです。それが元を辿れば、すべて釈迦というたった一人の教祖のアイデアなのです！　想像して下さい。あなたのアイデアの下、一五〇〇年以上の間、一流の芸術家たちが人生を賭けてあなたのアイデアを形にし続ける姿を。こんな素晴らしいことが他にあるでしょうか！　どれほど成功した社長だって、これほどの影響力を及ぼすことなんてできません。自分の思想が何百年、何千年先も影響を与え続け、多くの人々を魅了し、彼らを幸せにするだなんて、考えただけでロマンティックで心が躍りますよね。

いかがでしょうか。教祖はただお金が稼げるだけではありません。あなたを信じる人々をハッピーにし、そして、彼らからの尊敬も得られる素晴らしい職業なのです。お金さえあれば人生幸せなわけではありません。人々に必要とされ、人々から尊敬され、人々に影響を及ぼしてこそ、あなたの人生は充実するはずです。つまり、教祖こそが、あなたの人生を最も幸福なものにしてくれる、最高のライフスタイルなのです。

†宗教って怪しくないの？

教祖がいかに素晴らしい職業であるか、ご理解頂けたと思います。しかし、皆さんの中には、教祖が素晴らしいことは理解できても、宗教に対して否定的な感情を持っている人もいることでしょう。「宗教なんてやってたら、周りからヤバイやつと思われるんじゃなかろうか」などと思っているかもしれません。

確かに、現代日本における宗教のイメージはとことん悪いですよね。特に「新興宗教の教祖」などと言えば飛び抜けて悪いイメージがあります。宗教は非理性的で訳の分からないもの、論理的思考ができない知的弱者の慰み物。そういった雰囲気もあるかもしれません。しかし、これも裏返して考えれば、そう悪いことばかりでもないのです。

確かに、イスラム原理主義者は飛行機をハイジャックしてビルに突っ込みました。とても理性的な行為とは思えません。まさに狂信者といった感じです。「宗教のこういう非理性的なところが苦手なんだよなあ」「あいつらが自爆テロする論理が全く分からないぜ」と思う人もいることでしょう。

ですが、ちょっと待って下さい。キリスト教もイスラム教も仏教も、同様に非理性的な理由で慈善事業だって行っているのです。ボランティアなんて、よく考えるとすごく非論理的な行為ですよね。それを彼らは宗教的な、つまり、非理性的な理由により行うのです。宗教の非理性的性格は確かに人を殺すこともあります。しかし、非理性的に人を助けることもあるのです。そして、あなたは非理性的に人を殺すような教団なんて作りませんよね？　つまり、そういうことです。

また、「新興宗教」という言葉にも、とても悪いイメージがあると思います。「新興」という言葉のイメージが伝統の欠如を匂わせますし、そんなぽっと出の教えが真実を語ることなどありえない気もします。

ですが、新興というのも悪いことばかりではありません。歴史が浅いというのは、言い換えれば、いま最も新しい、つまり、ナウい宗教であると言えるのです。伝統宗教には確かに歴史がありますが、その分、昔の時代的状況に依拠した面があることも否定できません。たとえば、仏教は大変理知的で論理的な宗教ですが、それでも、「女性は仏になれない」など、現在の感覚からすれば受け入れ難い点も多々あったのです。

これは仏教がダメだと言っているわけではありません。女性に対する認識など、時代的な制約というものはどうしても免れないということです。その点、新興宗教はどうでしょう？　新興宗教は「いま」を捉えます。現代の状況に即し、現代の問題に立ち向かえるのです。これは二五〇〇年前のインド人と比べて、あなたが確実に勝っている点です。こればっかりはお釈迦様でもご存じあるまいと言うことです。この点をポジティブに捉えなおしましょう。新興宗教はヤバイ宗教ではありません。ナウい宗教なのです。

それに当たり前ですが、伝統宗教だって最初は新興宗教でした。イエスも釈迦もムハンマドも最初は新興宗教の教祖だったのです。特にイエスなんかは神殿で暴れまわったりしてユダヤの社会秩序をブチ壊そうとしましたから、当時のユダヤ人たちは、「おいおい、マジやべえカルトが出てきやがったぜ……」と思ったことでしょう。そんなヤバくてカルトな新興宗教たちも今では世界的な伝統宗教なのです。新興宗教だからといって伝統宗教に劣っているわけではありませんし、間違っているわけでもありません。大切なのは、あなたの新興宗教が人をハッピーにできるかどうか、それだけなのです。

†ホントに信者はできるの？

前項の説明で、あなたの宗教に対するネガティブイメージは払拭《ふっしょく》されたかもしれません。しかし、周囲は違います。「日本人は宗教アレルギー」などと言われるほどに我が国では宗教が毛嫌いされているのが現状です。そんな日本で「本当に信者ってできるの？」と、あなたは不安になっているかもしれません。ですが、これに関してはあまり心配することはありません。大丈夫、信者はできます。本書を信じて下さい。

というのも、日本人の多くは別に気合を入れて無信仰を貫いているわけではないからです。様々な宗教的知識を広く収集し、吟味、検討、熟慮、熟考の上で無信仰という立場を確立したわけではなく、なんとなく無信仰なだけなのです。よく言われる話ですが、クリスマスにケーキを食べ、初詣は神社に行き、人が死んだら坊主を呼ぶ宗教的無節操を見るだけでも、みんなに気合が入ってないことは明白ですよね？　周りがなんとなく無信仰なので、みんなもなんとなく無信仰なのです。

ちなみに、この「なんとなく無信仰がふつう」という感覚は、元を辿《たど》っていくと明治政府の政策に当たります。「外国からプレッシャーかかってるから信仰の自由は容認しないとなぁ」「でも、できれば天皇だけ崇拝して欲しいなぁ」という板ばさみの中で試行錯誤していくうちに、「信仰の自由は認めるけど、特定宗教を信仰せずに天皇だけ崇拝してるのがふつうだよね？」という感覚ができあがり、それが第二次大戦後に「天皇崇拝」の部分が抜け落ちて、今までなんとなく続いているわけです。

ですが、そんな「なんとなく無信仰」という軟弱な態度が、いざという時にどれほどの意味を持つものでしょうか？　死に直面した時、「なんとなく無信仰」を貫き、粛々と死を受け入れられる人間がどれほどいるでしょう？　多くの人は、必死に自分の人生の意味を捜し求め、死後の世界を想うことでしょう。その時に宗教が一つの選択肢となるのです。

もちろん、その人がどこかの宗教に入信するとは限りません。しない人も多いでしょう。しかし、だからといって、彼が無信仰のまま、なんとなく死ぬわけでもないのです。たとえば、「おじいちゃんは草葉の陰から見守ってるよ」などと言って自分の死を意味付けしたりします。遺族の方も身内の死をなんとなく受け入れたりはしません。「おばあちゃんは仏様になったのよ」など、宗教的概念を持ち出し、やはり死を意味付けするのです。ちなみに草葉の陰は儒教で、仏はもちろん仏教概念ですね。このように現代日本でも宗教はふつうに必要とされ、使用されているのです。普段なんだかんだ言ってても、いざとなれば宗教を頼ってきますから、大丈夫、信者はできます。大船に乗ったつもりでいて下さい。

また、日本人の宗教アレルギーは、逆に考えると、付け入る隙であるとも言えます。というのは、彼らは宗教を頭ごなしに嫌うあまり、宗教に対して無知なのです。また、戦前の国家神道の反動で、戦後は宗教について教育で触れることがタブー視される傾向にあります。実際、学校でも高校までは宗教のことなんてほとんど教えてくれませんよね？　しかし、知識がないということは、つまり、耐性がないということです。彼らは無菌室育ちで免疫がないのですから、これは狙い目というわけです。

そして、日本人は宗教的知識はなくとも、宗教的要素は日常から断片的に摂取しています。たとえば夏の怪談話。ホラー映画や、オカルト知識、こっくりさんなどもそうです。

特定宗教を信じていなくてもこれらを摂取することで、なんとなく「死後の世界とか、超自然的な力とか、霊魂とかあるような気がする」気分になっています。たとえばお風呂でシャンプーしていると、たまに背後に誰かいるような気がしませんか？　脳みそはしばしばこういった勘違いを起こしますが、私たちは従来から断片的知識を摂取しているため、「ひょっとして幽霊では？」「先祖の霊では？」などと考えたりするのです。

このように日本人の無信仰者も「なんとなく霊的なもの」は感じています。ですが、彼らにはその「霊的な感じ」をどう表現すれば良いのか分かりません。宗教的知識がないために、それを語るボキャブラリーがないからです。ですから、そういった人にピンと来る言葉や概念を与えてあげれば、「ああ、オレが今まで感じてたのはそういうことだったのか！」となるわけですね。この言葉や概念の違いで、その人はキリスト教やイスラム教や仏教などに入信するわけですが、もちろん、あなたの新興宗教に入信する可能性だって十分にあるのです！

さあ、いかがでしょうか？　教祖のメリットを確認し、様々な不安も解消したところで、みなさん、もう今すぐにでも教祖になりたくてウズウズしていることと思います。では、次章からいよいよ具体的に教祖になるための方法を学んでいきましょう！

第一部

思想編

第一章　教義を作ろう

教祖を目指すあなたが最初になすべきこと。それは教義の作成です。と言うと、あなたはすぐに、「オレ、文章ヘタクソだけど教義なんて作れんのかなあ。やっぱり教祖って難しいや」と思うかもしれませんが、心配はいりません。文章に自信がなければ、最初は頭の中で作っておいて、その都度、口頭で弟子に指示するだけでも全然構わないのです。放っといても後で弟子たちが巧《うま》いこと成文化してくれます。仏教もキリスト教もそうやってきたのですから安心して下さい。

なお、あなたがある程度教祖として大成した後は、ふらふらしたり、適当なことを言ったりするだけでも、それが教義となるので大丈夫です。あなたの行為に隠された深い真意は弟子たちが一生懸命考えてくれます。そうなればあなたは自然体で生きていくだけで良いのですから楽ちんですね。釈迦もお腹が痛くて寝てるだけで、その姿が大仏になったたくらいです。また、あなたの言ってることが前後で少々食い違っていても気にしないで下さい。これも弟子たちが適当にアレンジして辻褄《つじつま》を合わせてくれます。

ですから、少しくらいのミスは気にせず、勇気を出して初めの一歩を踏み出して下さい。最初から完璧にできる教祖なんていません。ゆっくりでいいのです。

†神を生み出そう

宗教を作る上で、まず最初の問題は「神」をどう捉えるかということです。「それなら問題ないぜ。こないだカメハメハ神が宇宙から電波を送ってきたからな!」というラッキーな方は何の苦労もないと思いますが、そうでなければ、まずこの問題に頭を悩ませることになるでしょう。

「ううむ、神は本当にいるのだろうか」

「神ってどんな性格でどんな属性なのだろうか」

あなたは本書を前にして、このように真剣に悩み始めるかもしれません。確かに、神をどう捉えるかは、あらゆる宗教にとって非常に大切な問題です。たとえばキリスト教でも、イエスが神であるか否かで論争が起こり、その解釈を巡って分裂があり、とりあえずカタリ派をぶち殺してみたりと、紆余曲折《うよきょくせつ》の上に今の神の姿が成り立っているのです。宗教において神の存在を見定めるのは非常に重要な問題です。宗教を作ろうとした多くの人がこの問題に悩み、莫大な時間を割いてきたことでしょう。ですが、あなたはそれほど真剣に悩まなくとも構いません。なぜなら、神がいるかいないかなど、どうでも良いからです。

前章でも述べたことですが、宗教で大切なことは、それが正しいかどうかではなく、人をハッピーにできるかどうかです。神もこれと同じで、「いる」と仮定した場合に、そこからどんな素晴らしいことを得られるか。問題はそこなのです。つまり、あなたが神にどんな「機能」を期待するのか、そこから考えれば良いのです。

神がいるとどんな良いことがあるのでしょう？　一つ例を挙げるならば、「うまくいかなかった時に神のせいにできる」というのがあります。たとえば、現代日本には「努力すれば夢はきっと叶う」という風潮がありますよね。しかし、あれは現代日本人の勘違いです。努力したってダメな時はダメです。現実主義者のマキャベリだって「必要なのは力と運だ」と言ってます。現実はそんなもんです。

努力したってダメな時はダメ。では、そういった理不尽にぶつかった時はどうすれば良いのでしょう？　そう、ここで神です。もし、あなたが全知全能の神を信じていれば、「まあ、これも神の思し召しだろう」と神のせいにできるのです。誤解している人も多いと思いますが、神は別に努力した人すべての夢を叶える必要なんてありません。良い結果など出なくても一向に構わないのです。ただ、信者が「神は絶対間違えない。必ず正しいことをする」と本気で信じてさえいれば、どんな結果が出たとしても「これが神の意志なら間違いない」と肯定的に受け入れられるのです。神の役割はむしろここにあります。神は困っていれば助けてくれる便利なお助けキャラではなく、困っていること自体を肯定する存在だと言えるのです。

これは神の効能の一例に過ぎませんが、あなたはこのように神を機能的なものとして考えなければなりません。何やらよく分からないもやもやとしたものではなく、その神が人にどんなハッピーを与えられるか、そこを具体的に考えていけば、あなたの作る神の姿も自然と見えてくるはずです。つまり、現実社会の問題点に即して、いま必要とされる神を作れ、ということです。

たとえば、ユダヤ教、キリスト教、イスラム教が同じ一なる神を信仰していることはご存じと思いますが、それぞれの教えで神はずいぶんと性格が違ってきます。元々ユダヤ人が信じていた神は、北イスラエル王国の信仰が疎《おろそ》かになったからって滅ぼしちゃうような怒りの神でしたが、これがキリスト教になると戒律を少々破っても怒らない温厚な神になりました。これはキリスト教がユダヤ教の戒律をあまり守ってないからです。「戒律なんか守ってられっか！」という現実の問題点に即して神の性格が変化したのですね。

また、ユダヤ教の神はイスラエルの民だけを救う排他的な神でしたが、イスラム教では多数の部族をまとめる必要があったため、特定部族に肩入れしない神に変わりました。このように見ると、神が状況に応じて機能していることが分かると思います。ですから、あなたも機能的な神を作ることをまず考えて下さい。たとえば、あなたがニートやフリーターをハッピーにしたいのであれば、彼らを温かく見守り、その存在を肯定する神を作れということです。

さて、あなたが作るべき神の性格は大分見えてきたことと思います。すると、次にあなたは、神の名前について悩み始めるかもしれません。確かに、下手な名前を付けてしまえば、せっかくの神の威光も台無しですよね。イケてるネーミングがパッと閃《ひらめ》けば良いのですが、もし、あなたがどうしてもネーミングセンスに自信が持てないなら、思い切って名前を付けず、ただ「神」と呼ぶのも一案です。これは一神教で特に有効です。イスラム教では神をアッラーと呼びますが、あれは別に「アッラーさん」という神がいるわけではなく、「神様」というくらいの意味合いです。イスラム教では神は一柱しかいないわけですから、神といえば自動的にこの神を指すことになるのです。あなたの作る宗教に神が一柱しかおらず、他教の神を神と認めないのであれば、自分の神だけが唯一の神であるという自負も込めて、ただ「神」と呼ぶのも良いでしょう。

なお、大切なのは神が実際にいるかいないかではなく、信者をハッピーにできるかどうかだと言いましたが、これを言い換えれば、信者をハッピーにできるなら無理に神を作る必要はない、ということでもあります。たとえば、仏教は神を作りませんでした。特に必要がなかったからです。それでも釈迦の発明した「釈迦式修行法」により、人をハッピーにできたので何の問題もなかったのです。「でも、神がいないと宗教っぽくないんじゃないかなあ」と思う方もいるかもしれませんが、ご安心下さい。釈迦は死んだ後、気付いたら自分がいつの間にか神のようなものになっていました。イエスもいつの間にか神のようなものになってましたし、あなたも、後世、気付いたら神になっているかもしれません。また、仏教は薬師仏《やくしぶつ》だとか阿弥陀仏《あみだぶつ》だとか、気付いたら色々と神のようなものが増えてました。このように後世の人も勝手に神を増やしてくれますから、なんの心配もいらないのです。

†既存の宗教を焼き直そう

前項ではいちからオリジナルの神を作る方法を説明しました。しかし、「機能的な神を作るって、なんだか難しそうだなあ」と感じた人も多いと思います。ですが、まだ諦めないで下さい。実はもっと簡単なやり方もあるのです。それが既存の宗教を焼き直して利用する方法です。

というのも、実際のところ、新興宗教にしろ伝統宗教にしろ、いちから神も教えも作ってやっているところはあまり多くありません。仏教、キリスト教、イスラム教の世界三大宗教も、どれも従来からあった神を使っているだけで、教祖が自分で神を作ったわけではないのです。教祖がオリジナル神を作った大手伝統宗教はアフラマズダを作ったゾロアスター教くらいでしょうか（これにしても元からあったヴァルナ神と同一という説もあります）。それよりは既存の宗教から発生して、教えにオリジナリティを加えたり、一部を否定したり、先鋭化したりして、自分たちの宗教としてやっている方が遥かに多いのです。

キリスト教のケースを見てみましょう。イエスといえば、むろんキリスト教の教祖ですが、彼自身はユダヤ教徒でした。イエス本人には自分がキリスト教の開祖という意識はおそらくなく、たぶんユダヤ教の改革運動をしているつもりだったのでしょう。それが運動を進めていくうちに元々のユダヤ教とは懸け離れていき、ついに相容れなくなったときに別の宗教となったわけですが、こういったケースは非常に多いのです。

それで、どうしてこういうことが多々起こるかというと、歴史のある宗教というのは言い換えれば古い宗教です。そして、古い宗教は、それが作られた当時の古い時代の文化や問題点に依拠しているので、どうしても今の時代に合わない様々な問題が発生してしまいます。これは前章にも書いた通りですね。

また、歴史が長いとそれだけ思考も硬直化しますし、「形式だけ守ってればいいや」という雰囲気が出てきます。イエスが活躍した頃のユダヤ社会はまさにそのような状態で、社会が宗教的ルールでがんじがらめになっていました。それをブチ壊し、気分一新して神を信仰しようとしたのがイエスです。キリスト教は当時の社会が直面していた問題に対処しようとしたナウい新興宗教だったわけです（まあ、そのキリスト教もすぐに硬直化し、今度はそれをプロテスタント等がブチ壊そうとするのですが……）。ともかく、伝統宗教のこういった問題に対処していけば、自然と元いた教団からつま弾きにされるので、あなたは共感を得た仲間と共に新しく一派を興すことができるわけです。

これを踏まえて、あなたの具体的行動指針を示すと次のようになります。すなわち、あなたはまず仏教、キリスト教などの伝統宗教、もしくはそれなりに歴史のある新興宗教へと入信します。しばらくはそこで真面目に信者生活をして下さい。すると、どうしてもその教えに対し、「これは現代的感覚に合ってないな」と思うところが出てくるはずです。そうなればチャンスです。その「合ってないな」と思うところを適宜修正し、別の一派として教団を立ち上げるのです。もしくは、「形式主義に陥っているな」と思ったら、「もっと信仰中心にしようぜ！」「格式ばったルールなんか必要ないぜ！」などと呼びかけて下さい。これも独自の一派を作る契機となるでしょう。また、そこが複数の神を崇拝していたり、複数の聖典を用いているのであれば、そのうちの一つだけを取り出して、「この神に祈るのが一番大事！」「この聖典を使うのが一番大事！」と主張するのも良いでしょう。当時の総合大学であった天台宗《てんだいしゅう》で学んでいた日蓮《にちれん》も、「とにかく法華経《ほけきょう》が一番大事！」と言って天台宗から分かれ、今の日蓮宗に繋がっているのです。

このような「焼き直しパターン」であれば、神も教えも最初から用意されているので、とても楽チンですね。あなたは他の宗教に入信することで、神も、教理も、仲間も手に入れることができるのです。もちろん、試しに入ってみた宗教があまりにも素晴らしくって、ケチを付けるところがどこにも見当たらず、あなたが篤い信仰心を持ってしまった場合はこの計画は頓挫《とんざ》してしまいますが、まあ、それはそれでたぶんあなたはとても幸せだと思うので良しとしましょう。

【コラム】宗教の硬直化

宗教は軌道に乗ると硬直化します。そして、硬直化すると「基本に返ろうぜ！」という人が現れ、別の一派を作ります。しかし、それもそのうち硬直化します。この繰り返しは様々な伝統宗教で見られてきたことです。

なぜ、宗教は硬直化するのでしょうか？　それは宗教が組織化するからです。元々、宗教というのは個人の霊的体験がベースになっています。霊的な体験をした一人一人がまず先にあり、それが集まったのが教団だったわけです。しかし、教団が軌道に乗って大きくなってくると、今度は逆に個人の霊的体験を危険視し始めるようになります。指導者の言うことを聞かなくなったりしますからね。

つまり、教団というのは本来、「個人の霊的体験」という本質を包む外殻だったのですが、この外殻が、本質である「個人の霊的体験」を押し出そうとし始めるわけです。すると、教団にがんじがらめにされて、「個人の霊的体験」が失われていきます。宗教活動が儀式化すると言い換えても良いでしょう。現代日本では「スピリチュアルには関心があるけど宗教団体はイヤ」という人も多くいますが、それは彼らが「個人の霊的体験」を重視しているためかもしれません。

なお、本文では、キリスト教における硬直化の打破はプロテスタントと書きましたが、もちろんこれが最初ではなく、このような運動はしばしば行われています。たとえば、一五〇〇年頃にはモンタノス派という一派が現れ、原始キリスト教のエネルギーを取り戻そうという運動を行いました。つまり、イエスの死後、わずか一二〇年ほどで、当時の人たちが「今の状況はヤバイな」と感じる程に、キリスト教は既に硬直化していたということです。

これは個人の霊的体験と教団の組織化に関する硬直ですが、教団が社会と結びつくと、また別の意味での硬直化が起こります。それについては次項で。

†反社会的な教えを作ろう

さて、ここからは具体的な教義作成について考えていきますが、最初にはっきりと述べておきたいことがあります。皆さんの中に、宗教に関して次のような持論をお持ちの方はいませんか。すなわち、「宗教は社会の安寧秩序を保ち、人々の道徳心を向上させるものであり、社会を乱すものであってはならない」と。残念ながら、これはとんだ見当外れなので直ちに忘れて下さい。宗教の本質というのは、むしろ反社会性にこそあるのです。特に新興宗教においては、どれだけ社会を混乱させるかが肝《きも》だということを胸に刻んでおいて下さい。

現に大ブレイクした宗教を見てみると、どれもこれも反社会的な宗教ばかりです。イスラム教しかり、儒教しかり、仏教しかり。どれも最初はやべえカルト宗教でした。しかし、その中でも最もヤバいカルトはキリスト教でしょう。イエスの反社会性は只事ではありません。罪びとである徴税人と平気でメシを食い、売春婦を祝福し、労働を禁じられた安息日に病人を癒し、神聖な神殿で暴れまわったのです。当時の感覚で言えばとんでもないアウトローで、もちろん社会の敵なので捕らえられて死刑にされます。同胞のユダヤ人からも、「強盗殺人犯は許せてもイエスだけは許せねえ」と言われる程の嫌われっぷりでした。しかし、イエスはこれほど反社会的だったからこそ、今の彼の名声があるとも言えるのです。

なぜ、新興宗教が反社会的になるかというと、そもそも新興宗教はその社会が抱える問題点に根差して発生するものだからです。なので、どうしても反社会的にならざるを得ませんし、また、そこにこそ宗教の意義があるとも言えます。イエスは徴税人や売春婦と交わりましたが、彼らは当時穢《けが》れた職業と考えられていました。今の感覚で言えば職業差別ですが、当時の社会では彼らを差別することこそが、むしろ「正しい」ことだったのです。ですから、彼らのような社会的弱者を救済し、神の祝福を与えるイエスは、どうしても反社会的にならざるをえないわけです。安息日に病人を癒したのも、神殿で商人相手に暴れ回ったのも彼なりの信念によるもので、「安息日に人を助けられないってバカじゃないの？」「神聖な神殿で商売するってバカじゃないの？」という意味があったのです。これも今の感覚からすれば納得できる話ですが、当時ではやっぱり反社会的だったわけです。

つまり、社会が常に正しいわけではないということです。古代ユダヤ社会で徴税人や売春婦たちが受けていた職業差別は、現代からするとあってはならないことです。しかし、当時のユダヤ社会で社会的であろうとすれば、彼らを差別せざるをえませんでした。社会的であるというのは良いことばかりではないのです。新興宗教はそんな硬直化した社会に対して、反社会的な鉄槌《てっつい》を下す役割もあるのです。「うるせえ、お前らがどう言おうとオレはこれが正しいと思うんだ！」というのが新興宗教なのです。ですから、宗教の役割は社会に迎合することではなく、むしろ、社会通念に逆らってでも、正しいと信じることを主張することなのだと考えて下さい。

これを現代に置き換えて、もう少し具体的に言及しましょう。皆さんは教祖となって人々をハッピーにするのがお仕事ですが、そもそも、現在不幸な人というのは、社会の提示する価値基準に照らして不幸なわけです。つまり、貧乏だとか、恋人がいないとか、出世できないとか、そういうことで不幸になっているのですから、あなたは彼らに社会とは別の価値基準を提供すれば良いのです。「お金なんかない方が幸せだ」「家族など修行の妨《さまた》げである」「世俗の出世に何の意味があろうか」などなど。どれも反社会的ですが、こうすることで社会的弱者である彼らを、別の価値基準、つまり、あなたの提供する価値基準でハッピーにすることができるのです。

ですから、あなたのすべきこととは、①社会の基準で幸せになれない人を見つける、②反社会的な基準を与えてその人を幸せにする、ことだと考えて下さい。一例を挙げるなら、ニートを幸せにする価値基準などを考えれば良いでしょう。これには仏教が参考になるはずです。

せっかく仏教に触れたので、ついでに仏教の反社会性についても紹介しておきます。社会的な視点から見れば、仏教なんて本当にろくでもない宗教です。出家は社会との関係を断絶して閉じこもるわけですから、まったく生産性がありません。その上、家族すら捨てるのだからニート以下と言っても良いでしょう。仏僧はニート以下！　江戸時代の儒学者、藤原惺窩《ふじわらせいか》も「禅僧なんか穀潰《ごくつぶ》しだ」と言っていますが、仏教なんて冷静に客観的に見たらそんなものなのです。

「でも、出家ってなんか覚悟が感じられてカッコイイと思う。知り合いが真言宗《しんごんしゅう》に出家したけど、そんな悪いイメージないよ？」

という方もいるかもしれませんが、それは伝統的仏教宗派の持つブランドイメージがあるからの話です。たとえば仏教系新興宗教に全財産寄付して出家したなどといえば、「あちゃー」と思うことでしょう。やはり、出家というのは本質的には反社会的な行為なのです。伝統的宗派でも出家は出家なので同じです。本質的に反社会的であることには変わりありません。

実際、釈迦も家族を捨て、王位を蹴ってまで修行していました。釈迦が瞑想中に悪魔の誘惑を受けたことは有名ですが、その誘惑には「おまえ、家帰って王位継げよ。お父さん心配してるよ?」というものまでありました。悪魔の誘惑というか、単に実家からの手紙のような気もしますが、とにかく釈迦はこういった悪魔の誘惑に打ち勝って反社会的生活を貫いたのです。新興宗教に出家した人が、家族に泣きつかれても戻ってこないのも道理ですね。

ですが、出家が反社会的な行為だからといって、それで仏教を非難できるでしょうか?彼らは精神的エリートを目指すために、確信を持って世俗との関わりを絶っているのです。社会的な視点から見れば、私有財産を持たず、恋人も家族もいない出家者は社会的弱者であり負け組ですが、そもそも彼らには勝ちとか負けとかないのです。そういった社会的視点からのみ彼らの勝ち負けを判断するのは傲慢《ごうまん》と言っても良いでしょう。当の出家者からすれば、「へっ? オレ、負けてんの? いつ、誰に負けたの??」と本気で不思議がると思います。社会が提供する価値基準だけが全てではないのです。

まとめるとこうなります。社会は常に正しいわけではありません。そして、社会の提示する価値基準では「負け組」となってしまう人が必ず存在します。そこであなたがすべきこととは、社会に反する新しい価値基準を提唱し、「負け組」の人を「勝ち組」へと変えてハッピーにすることなのです。つまり、あなたが石を投げたいと思う人たちこそ、あなたが救うべき人たちなのです！

ちなみに、キリスト教や仏教などは自分たちが提唱した新しい価値基準で、それまでの社会が提示していた価値基準を塗り替えてしまった宗教です。それができたからこそ、こんなに有名だし、長続きしているのです。あなたも教祖として大成功すれば、社会の常識をあなたの提唱する常識で塗り替えられるのです！　社会に迎合する宗教を作るなんてロマンがありません。むしろ、社会をあなた色に塗り替えてしまいましょう！

なお、もし仮にあなたが教祖として大成功し、あなたの価値基準で社会を塗り替えた場合。今度はそれが社会的となってしまうので、なんと、あなたの価値基準で不幸になる人が出てきます。すると、そういう人を救うために、また別の新興宗教が生まれ、あなたの価値基準もいつかは塗り替えられてしまうでしょう。そのとき、あなたの後継者たちは、きっと新興宗教に抗って魔女狩りとか異端審問とかすると思いますが、まあ、あなたには関係ないことなのでどうでもいいですよね。

【コラム】反社会的なチベット仏教

本文中にも書いた「宗教は社会の安寧秩序を保ち、人々の道徳心を向上させるものであり、社会を乱すものであってはならない」というアイデアを持っている日本人は多くいると思いますが、この考え方はどうも明治時代の政治家による宗教への政治的解釈が、その起源となっているようです。大日本帝国憲法にはこうあります。

「日本臣民は安寧秩序を妨げず及び臣民たるの義務に背かざる限りにおいて信教の自由を有す」

つまり、「社会を騒がせないなら」自由に信仰していいよ、ということです。この観念が現代にまで影響しているのではないかと思われます。

しかし、これはあくまで「政治的な」問題であり、宗教の本質とは無関係です。たとえば暴れん坊の人が浄土教《じょうどきょう》の信者となり、阿弥陀仏への信心を得ることで人格的に丸くなって社会秩序に貢献するようになったとしましょう。しかし、浄土教の目的は、あくまで阿弥陀仏への信心を得て救いを受けることです。社会秩序への貢献は「結果的に」そうなったに過ぎず、それを目指すことが浄土教の目的ではないのです。ですから、私たちが「宗教は社会の安寧秩序に貢献するものであって欲しい」と願うのは自由ですが、「宗教は社会の安寧秩序に貢献するべきだ」と理想を押し付けるのはお門違いと言えます（まあ、本書は皆さんに「宗教は人をハッピーにするものだ」という理想を押し付けますけどね！）。

また、社会秩序と宗教に関しては、しばらく前に起こったチベット仏教と中国共産党の毛皮を巡る珍騒動がこれを考える良い一例となるでしょう。チベット仏教のトップであるダライラマが野生動物の保護を訴え、「毛皮を着るのやめようぜ」と言ったところ、感銘を受けたチベットの人たちが自主的に毛皮を燃やし始めたのです。すると、これに怒ったのが中国共産党。おそらくダライラマのチベット人への影響力を削ぎたかったのでしょう。「おい、てめえら。毛皮を着やがれ」とチベット民族に毛皮の着用を強制し始めたのです。まるで「饅頭《まんじゅう》こわい」のような話ですが、しかし、この騒動でチベット人に逮捕者も出ており洒落《しゃれ》になっていません。

この件は傍《はた》から見ればダライラマの言ってることの方が正しく感じられますが、中国当局にとってはこれも「社会の安寧秩序を揺るがす反社会的行為」なのです。中国とチベット仏教の関係はちょっと極端な例かもしれませんが、日本でも同様のことがないとは言い切れませんし、また、今後起こるかもしれないことは理解しておくべきでしょう。

†高度な哲学を備えよう

宗教の核心が反社会性にあることは前項で示しました。ですが、ただ反社会的であるだけでなく、それに理論的な裏付けがあれば心強いですね。そう、次にあなたが用意すべきは高度な哲学です。論理的に構築された高度な哲学があれば、インテリを釣ることだってできるのです。

宗教と論理性といえば正反対のように思われるかもしれませんが、宗教というのは実はあれで意外と論理的なものです。私たちが訳が分からないと思うのは、それぞれの宗教が示すいくつかの「前提」を納得していないからにすぎません。たとえば仏教なら輪廻転生、イスラム教ならムハンマドの使徒性。仏教もイスラム教も、実はこれらの「前提」さえ納得すれば後はすべて論理で話ができるのです。「前提」を踏まえた上での論理的思考。これが哲学です。ここが美しいとインテリが酔う。仏教哲学もイスラム哲学もキリスト教神学も多くのインテリが参加しています。「前提」さえ共有すれば、後は他の学問と変わらない知的ゲームが楽しめるからです。ですから、あなたも「宗教だから荒唐無稽《こうとうむけい》でいいや」と考えるのではなく、インテリを魅了するためにも、きちんとした哲学を備えるべきでしょう。

しかし、ここで一つの問題が生まれます。そんな高度な哲学なんてあなたには作れっこないということです。いや、もちろん、作れるというなら構いません。しかし、釈迦などはあれは一種の天才です。常人がそうそう真似できるものではありません。それに、本書は特別な才能を持たない普通の人でも教祖になれるよう導く指南書ですから、あなたにそんな特殊な能力を求めるつもりもないのです。

では、どうすれば高度な哲学を作ることができるのでしょうか。仏教やウパニシャッド哲学からパクってくるのも一つの手段ですが、これではまだ敷居が高いと思います。そこで、本書では「インテリに作らせる」ことをオススメします。「おいおい、インテリをゲットするために高度な哲学を作るんだろ？　それをインテリに作らせるってどういうことだよ」と思うかもしれませんが、だって、あなたには作れないんだからしょうがないじゃないですか。それに、御安心下さい。インテリに哲学を作らせる方法がないわけでもないのです。

その具体的な手順を紹介しましょう。まず、あなたがすべきことは、社会の「問題点」

を発見することです。これは前項でも触れてますから、いくらか当たりは付いていますよね。そして、次に「前提」を用意して下さい。仏教の輪廻転生や、ムハンマドの使徒性に当たるものです。これは少々突飛なものでも構いません。ここまで出来たなら、後は「前提」を主張しながら、「問題点」を追及すれば良いのです。要するに、世迷《よま》いごとを口にしながら社会を口汚く罵っていれば良いということです。

するど、どうでしょう。なんとインテリが勝手に「前提」と「問題点」の間を論理的に補完してくれるのです！　というのも、インテリにとってあなたの世迷いごと、つまり、「前提」は甘美な響きに聞こえるからです。インテリは何せインテリですから論理的思考は得意とするところでしょう。しかし、インテリは論理的思考が得意なゆえに、逆に「前提」を突然作り上げるといった非論理的蛮行には踏み切れないのです。この点においての み教祖はインテリに優越します。もちろん、「前提」だけ提示しても、「何をばかなことを言ってるんだ」で大抵は終わってしまうことでしょう。「前提」と「問題点」を繋げる論理がないので仕方ありません。

しかし、中には「前提」と「問題点」だけを見てピンと来て、「そうか、こいつの言ってることはこれこれこういうことか！　こいつスゲーな！」と、勝手に「前提」と「問題点」を論理的思考により繋げ、感心してくれるインテリも現れるでしょう。ここで「前提」と「問題点」を繋げることになった論理的思考、これがすなわち「哲学」です。

　インテリからすれば、あなたの提示する「前提」さえ受け入れるなら、これまで答えの出なかった社会的問題や人生の問題に論理的な答えが出せてしまうのです。となれば、もう「前提」を受け入れてしまいたくなる。そして、この「前提」を受け入れることは、すなわち「信仰」です。こうしてインテリはあなたの教えを信仰し、また、論理的発展性に貢献してくれるのです。キリスト教神学だって、最初の頃は「はじめに言葉があった」という文章を見たインテリが、「言葉……ギリシャ語で言えばロゴス……。はっ！　つまり、ギリシャ哲学で考えるとこういうことか！　深いな、キリスト教！」という具合で聖書解釈学が勝手に発展していったのです。

　もちろん、インテリといえど一人の才能では限界がありますが、インテリが何人も集まって喧々囂々《けんけんごうごう》の議論を繰り広げれば、いずれは高度な哲学として洗練されるでしょう。時には仏教における龍樹《りゅうじゅ》のようなド級の天才が現れるかもしれませんしね。なお、あなたはインテリじゃないんですから、インテリたちの議論は大人しく見守っていて下さい。良く分かってないのに下手に口を挟むとインテリが拗《す》ねてしまいます。身の程をわきまえましょう。そんなことより、あなたがすべきことは、むしろ突発的奇行です。これにより、「オレは普通じゃねえんだぞ」というオーラを出して、「前提」に説得力を与えることが大切です。

なお、「哲学」を示さず「問題点」だけを追及するスタイルはイエスも同じでした。これも反イエス派からは「あいつは何を言ってるんだ？」と思われてましたが、しかし、聖書に「人々はその教えに非常に驚いた。律法学者のようにではなく、権威ある者として教えになったからである」とあるように、哲学がないのに堂々と社会を糾弾する姿は、ある者には神々しくも映ったのです。そして、キリスト教も、イエスの死後、インテリたちが「イエスはメシアである」という「前提」を受け入れて、そこから「神学」を作っていったのです。

〈チェックリスト〉

□ 神は用意できたか？
□ 教えは反社会的か？
□ 社会的弱者を救えるか？
□ インテリは抱き込んだか？
□ イケてる哲学はできたか？

第二章

大衆に迎合しよう

前章において、あなたは教義の核となるものを既に手に入れたことと思います。しかし、それをそのまま用いてはあなたの宗教はただの自己満足となってしまう恐れがあります。あなたの教義はまだまだ理念的なものだからです。現実にこの世で生きている生身の人間たちに対する配慮はまだほとんどありません。

そこで本章では、あなたの教えをもっと下々の者どもへとすり寄せていくことにしましょう。その過程で、せっかく作ったあなたの教義と矛盾するところが出てくるかもしれませんが、その時は人々にすり寄ることの方を優先して下さい。あなたは教義を守るためではなく、人々をハッピーにするために教祖を目指しているのですから手段と目的を混同してはいけません。「愚民どもにはオレの高邁《こうまい》なる教えなど分からんのだ」などと思いたくもなるでしょうが、しかし、そういった愚民こそあなたが救うべき人たちだということを忘れないで下さい。

†教えを簡略化しよう

前章にて「インテリをゲットするため高度な哲学を備えよう」と筆者は説きました。インテリは組織運営の核として絶対に必要なものです。ですが、実際問題としては、組織の主たる層は一般人ですし、そして、一般人は哲学など毛ほどの興味もありません。このことはしかと胸に刻んでおいて下さい。浄土教のナムアミダブツなど一般人は悪霊退散の呪文程度にしか思ってませんし、毎日神棚に手を合わせていても天岩戸《あまのいわと》も知らなかったりします。普通の人はこんなものです。難しい話には全く興味がありません。イエスも、分かりやすいようにたとえ話などを駆使して話をしましたが、

「ハイ、先生！　ぜんぜん分かりません！」

といった反応を弟子にされて、がっつり落ち込んだりしています。釈迦も相手のレベルに合わせ、たとえ話で分かりやすーく教えましたし、ムハンマドも商売人らしく商売になぞらえて話をしています。みんな工夫してるんです。非インテリ層の一般人にいかに教えを広められるかはとても大切なことなのです。結論から言うと、彼らに必要なのは極限まで簡略化された教えと、御手軽な現世利益なのだと覚えておいて下さい。ヒトラーも『我

が闘争』でこのように言っています。「どのようなプロパガンダも大衆にあわさねばならず、その知的水準は獲得すべき大衆の最低水準の人々が受け入れられるようにあわさねばならない」と。

ちなみに超エリート宗教である仏教は、出生地のインドでは農民層に根付かず、後にヒンドゥー教、イスラム教により駆逐されました。まあ、しょうがないですよね。仏教ってクソ難しいですから。もちろん日本に来たからといって仏教が簡単になった訳ではありません。やっぱりクソ難しいままです。しかし、そんなクソ難しい仏教を、分かりやすーくした教えが現れました。それが浄土教です。「南無阿弥陀仏《なむあみだぶつ》と唱えれば極楽に行って成仏できるよ」というとてもシンプルな教えです。

元々の仏教というのは、論理的思考や修行により、怒りやら欲望やら執着やらをスッキリ取り去って人格的に完璧（仏）になり、輪廻転生の輪から外れましょう、という教えでした。「人格的に完璧になり」という辺りでエリート志向がバリバリですね。

対して浄土教は、怒りや欲望を完全に取り去れない凡夫のための教えです。「南無阿弥陀仏」と心の底から唱えると、死後に阿弥陀仏が極楽浄土に連れて行ってくれます。極楽浄土というのはスポーツジムのようなものだと考えて下さい。極楽には仏になるためのトレーニング器具がばっちり揃っており、ムキムキのインストラクターである阿弥陀仏が、手取り足取りレッスンを付けてくれます。このジムでバリバリ修行すれば間違いなくムキムキの仏になれるので、みんな極楽に行きたいわけです。

このように元々の仏教も浄土教も、最終目的は同じく仏になることでしたが、浄土教なら苦労は死んでからすればいいので、とりあえず現世では苦労したくない一般人も気軽に信仰できたわけです。あなたの宗教も一般人に教える時はこのくらいまでレベルを下げるべきですね。

なお、こういうことをすると、当然、ちゃんと仏教をやっている人たちから、「そんなの仏教じゃねえよ」と叩かれます。中でも最も激しく浄土教を叩いたのが日蓮でした。しかし、そんな日蓮も、「そんなの仏教じゃねえよ！…………が、それはそれとして、一般人は南無妙法蓮華経《なむみょうほうれんげきょう》だけ唱えとけばいいよね」と言っています。やっぱり実際に一般人に布教することを考えると、このくらいの簡略化が必要なのですね。ちなみにイスラム教も「アッラーのほかに神はなし」「ムハンマドは神の使徒なり」だけ言っておけば、とりあえず天国には行けるようです。

ところで、一応言っておきますが、浄土教も「南無阿弥陀仏だけ言っておけばいい」という結論に至るまでにはちゃんとした理論的根拠があります。かいつまんで言うと、仏になるためには自力で悟りをひらくか、阿弥陀ジムで悟りをひらくかの二つの道があります。

それで後者を選んだ場合、阿弥陀ジムの入会手続きで最もベストなものが阿弥陀仏の名を呼ぶことなので、「南無阿弥陀仏」と唱えるわけです。楽だからこうしているのではなく、それが最もベストな方法だからこうしているのです。…………ということになっています。

まあ、そういうわけで、浄土教にもちゃんとした理論的根拠があるわけですが、しかし、一般人はそんなこと絶対気にしないので、あなたが簡略化する際はあまり考えなくても良いでしょう。

†葬式をしよう

また、民衆心理にすり寄るために当地の実情も教えに組み入れておきましょう。具体的に言うと日本なら葬式や墓参りです。現在では日本人も葬式や墓参りへの関心が大分薄れてきましたが、それでも大多数の日本人は死んだら葬式して欲しいし、子孫には墓参りもして欲しいと考えているはずです。あなたの宗教の教えに葬式や墓参りが含まれてなければ、「この宗教では葬式してもらえないのか……」と心理的抵抗感を生む恐れがあります。そんなことで信者獲得の機会を損失するのは馬鹿らしいですよね。ですので、何も考えず葬式と墓参りはやって下さい。もし、あなたの宗教が理論的に考えて葬式や墓参りをする必要がなくても、一般人はそんなこと絶対気にしないのであまり考えなくて構いません。

そもそも仏教だって本当は墓も葬式も戒名《かいみょう》も要らないのですから。

せっかくなので、ここで日本における葬式についても少し触れておきましょう。おそらく多くの人は「葬式をすると死者の魂が天国のようなところ（極楽浄土？）に行く」という感覚を持っていると思います。それでも、葬式で何のためにお経を唱えているのかはよく分からないと思いますが、これは平安時代に生まれた二十五三昧会のケースを見れば、その意味も分かるかもしれません。

さて、時は平安時代。比叡山《ひえいざん》の二五人の僧侶が集まり、「オレたち二五人の中で誰かが死にかけたら、協力して極楽浄土へ送ろうぜ」という趣旨のサークルが作られました。これが二十五三昧会です。つまり、仲間が死ぬ間際に周りで念仏を唱えてあげることによって、その人が最後まで阿弥陀仏のことを信じていられるようサポートしてあげる組織でした。死ぬ瞬間は誰だって怖いでしょうし不安でしょうから、「みんなで協力したい」という気持ちが僧侶の中に芽生えたとしても何ら不思議ではありませんよね。これが我が国における浄土教実践の初期の形であり、この系譜から浄土宗の法然《ほうねん》が出てくるのです。

そして、この二十五三昧会における葬送儀礼が、現在の日本仏教の葬式に影響を与えていると言われているのです。「なんで葬式でお経を読むの？」という疑問はもっともですが、二十五三昧会に関しては死にかけの人を励ます意味で念仏を唱えていたわけです。これなら意味も分かりますよね？　浄土教においては、本来は極楽へ行くための手助けだったのです。

死んだ本人の葬式を挙げることの意味は、これで何となく分かるかと思われます（実際は宗派によって葬式の意味合いは色々と違ってきますが）。しかし、その一方で、日本仏教の葬式が本人だけでなく遠い先祖まで供養しているのはよく分からないと思いますが、これは実際のところ、儒教の影響によるものと言われているのです。

儒教といえば倫理道徳の類《たぐい》で宗教とは関係ない代物と思う人もいるかもしれません。しかし、最初期の儒教では孫が祖父の頭蓋骨をかぶって、祖父の魂をおろしたりするシャーマニックな側面もあったのです。この招魂儀礼を子孫がきちんとやってくれると、死んだ後でも呼び出してもらえるので、ある意味で永遠の生命を得られます。だから儒教では子供や孫に「先祖を敬いましょうね」と熱心に教えていたわけです。これが儒教における本来の「孝」の意味です。ちなみに、この時、儒教で孫がかぶっていたお爺ちゃんの頭蓋骨は時代と共に変わっていき、現在の位牌《いはい》へと繋がっています。位牌は元々儒教アイテムなのですね。

そして、そんな儒教の地、中国に仏教が伝来します。ここで中国仏教は儒教の影響を受けて、本来の仏教にはなかった「先祖崇拝」というニュアンスが加わりました。次に、その儒教的価値観で捉えられた仏教が日本に伝わり、日本人が仏教と儒教を混同した結果、現在のよく分からない日本仏教の祖先崇拝があるわけです。この辺りの過程は実際はもっと複雑なのですが、大雑把にはこのような流れとなっています。

なお、仏教には『盂蘭盆経《うらぼんきょう》』という経典があり、そこでは「善行を積んだら餓鬼道《がきどう》に堕《お》ちたお母さんを救えちゃいました！」というエピソードが書かれています。これだけ見ると、「先祖供養ってちゃんと仏教の中にあるじゃん！」と思うかもしれませんが、実はこれも中国において成立した偽経なのです。おそらく、「仏教にも儒教要素入れとかないと中国人にウケないんじゃない？」と思った当時の中国人が気を利かせて作ったのでしょう。そして、これが現在のお盆に繫がっているわけです。こういったことからも、現在の日本仏教における先祖崇拝には儒教が大きく影響していると考えられます。

このように、現在の日本仏教の葬式は、やはり本来の仏教の教えと懸け離れたものであることは否めません。この点に対する批判は今も根強くあります。それに対する仏教側の言い分も色々とありますが、まあ、実際のところ、重要な収入源だから続けているという面は大きいでしょう。生真面目な人は怒りを覚えるかもしれません。

が、しかし、それでも日本の仏教は葬式も墓参りもします。元来の仏教とは懸け離れていますが、別に悪いことではありません。皆が葬式や墓参りを望み、それをした方がハッピーだというならすればいいのです。問題は理論が正しいかどうかではなく、皆がハッピーになれるかどうかです。だから、皆が望むのなら、あなたも何も考えず葬式も墓参りも教義に加えておけば良いのです。

†現世利益をうたおう

一般人は難しい哲学なんかに興味はない、彼らには簡略化した教えが必要だ、と前に書きました。では彼らは一体何を求めているのでしょうか。言うまでもありませんね。現世利益です。この世の真理を悟りたいとか、完璧な人格を目指したいとかではなく、健康でいたい、家族と仲良く暮らしたい、給料が上がるといいな、大学に受かりますように、と、彼らが求めるのはそういった次元のものなのです。現に「手からオーラが出て肩こりが治る」といった宗教の信者に入信のきっかけを尋ねてみると、「信じてなかったけど、実際に肩こりが治ったから」といった答えがしばしば返ってきます。必要なのは理屈ではないのです。ハッピーになったという実感なのです。

なお、前に「宗教に大切なのは反社会性だ」とも書きましたが、しかし、全面的に反社会的である必要もありません。イエスも安息日に病人を治すという反社会的行為をしましたが、病を治すこと自体は反社会的ではありませんでした。信者の中には「オレは社会のこういう面は気に食わねえが、それはそれとして社会的成功も果たしたい」という人も多くいますから、あなたもニーズに応えて現世利益を謳《うた》うべきでしょう。

しかし、現世利益というと、皆さんの中には、

「いやいや、オレは超能力者じゃないから病気を治したり給料上げたりできないぜ。どうすりゃいいんだ？」

と、困り果ててしまう方もいることでしょう。ですが、現世利益もやろうと思ってできないものではありません。むろん、あなたは平凡な一市民ですから、末期癌を確実に癒したり、給料を来月から十倍にするとか、そんな並外れた奇跡は起こせませんが、そこまでする必要もありません。要は人をハッピーにできればそれで良いのです。だって、ハッピーなことが何よりの現世利益なんですから。

それでは、いくつかの現世利益を具体的に説明していきましょう。まずは先ほどの手からオーラが出て肩こりが治る件ですが、これで実際に治る人はいるでしょう。プラシーボ効果というものがありますから、あなたが同じことをやってもある程度の結果は出せるはずです。「これはとても良く効く薬ですよ」と言って、ただのブドウ糖を飲ませたら本当に病気が治った、というのが、いわゆるプラシーボ効果ですが、これは不安や緊張から来る痛みなどには特に良く効くのです。肩こりなんかには最適かもしれません。

なお、一応言っておきますが、先の宗教団体のやっていることが全てプラシーボ効果だなどと、そんな野暮なことを言うつもりはありません。筆者には分かりませんが本当にオーラが出ている可能性もあるでしょう。ですが、オーラと同時にプラシーボ効果が発生していることも、また間違いないのです。それに、もしそれがプラシーボ効果だとしても、その宗教が信者をハッピーにできたことには違いないのです。暗示だってかけなきゃ治らないんですからね。プラシーボ効果も無から生まれる訳ではないのです。

病治し繋がりで、キリスト教からイエスの癒しも見ておきましょう。これについては、結論から言うと「場合によっては治らなくても良い」と言うことができます。新約聖書の大半ではイエスは言葉だけでバリバリ人を癒してますが、実際にはイエスの癒しの方法は、当時の他のユダヤ人や異教徒の魔術師のやり方と変わらなかったのではないかと言われています。具体的にいうと、聾唖者《ろうあしゃ》の耳に指を突っ込んだり、唾を付けた指で舌に触ったりしていました。こういった治療の様子は聖書にも記されています。

私たちはイエスというと、二〇〇〇年前のユダヤ社会に突如として現れた、たった一人の特殊な人格のようなイメージを持ちますが、実際には「当時ちょこちょこいた病治しキャラ」の一人です。イエスのような病治しキャラは他にもいたのです。ただ、イエスの非凡であった点は、当時、限られた特権階級しか受けることのできなかった医療を民間にまで及ぼした点にあります。イエスの行為により本当に病気が治ったかどうかは知りません。しかし、本来、医療を受けられない立場の人が医療を施してもらえたのです。それだけでも彼らがイエスに感謝し、ハッピーになれたというのは想像に難《かた》くありません。イエスの癒しは単なる医療行為というだけでなく、「オレはあんたのことも見捨てないぜ？」という心のケアでもあったと考えられるわけです。これも一つの現世利益の形ですよね？

さて、病治しを離れ、他の現世利益も見ていきましょう。少し遠回りになりますが、次は「どうすれば人を日常的にハッピーにできるのか」という点について考えてみます。これを実現する一つの手段としては、「その人が良いと思うことを素直に実行させる」というものがあります。なぜなら、人間というのは「こうした方がいい」ということは分かっていても、大抵の場合はそれをしないからです。

たとえば、電車に乗っている時、目の前にヨボヨボの婆さんが立っていたとします。普通の人は「席を譲ってあげた方がいいな」と思うことでしょう。しかし、実際にそれを成し遂げる時には若干の心理的葛藤が発生します。「断られたら気まずいな」とか、「老いぼれ扱いするな、と怒られないだろうか」などと考えてしまうのです。人によっては、そのまま勇気が出ず、席を譲れないことだってあるでしょう。

ですが、本来そんなことは一切考えなくて良いのです。断られたら「ああ、そうですか」と座り直せばいいし、怒られたら「それはすんません」と座り直せばいいだけです。それだけのことです。大したリスクではありません。しかし、私たちはなんだかんだと理由を考えてしまい、心の中に浮かんだ善行にブレーキをかけてしまうのです。

というのは、人間は良いことをする時にも悪いことをする時にも、とにかく「理由」が必要だからです。「理由」のない行為はなんだか気持ち悪くって、たとえ善行でもやりたくないのです。私たちが無償のボランティアに抱くある種の気持ち悪さもこれに依るものでしょう。ですが、これが宗教ならどうでしょうか？　宗教なら「教義」により、その「理由」を用意することができ、人々に素直な善行をさせることができるのです。

キリスト教を例に挙げるなら、「善きサマリア人のたとえ」というものが挙げられます。ユダヤ人が強盗に遭って大怪我をした時に、同じユダヤ人の祭司階級は助けてくれなかったけど、サマリア人は彼を助けてくれた、というものです。サマリア人というのは、いつもユダヤ人に迫害されている人たちでした。日頃の恨みとばかりにユダヤ人に冷たく当たってもいいのに、このサマリア人は逆に彼を助けたわけです。イエスはこのサマリア人こそが、そのユダヤ人の「隣人」であると言います。

これはつまり、己の身分や階級、助けた場合の社会的リスクなどは置いておいて、困っている人を見て心が動いたら、その時は心の命ずるままに素直に助けなさい、という教えです。そして、これがいわゆるキリスト教の「隣人愛」であり、世界中の全員がこのような隣人愛を持てば地上は神の王国となる、というのがイエスの思想です。

先の電車の例に立ち返りましょう。もし、あなたがクリスチャンだったならどうでしょうか？　目の前に婆さんが立っていた時、あなたには「神の王国を実現する！」というはっきりとした「理由」があります。それならば、あなたは婆さんに断られるリスクなどものともせず、当たり前のように席を譲ることができるのです。婆さんに席を譲ればそりゃあ気持ち良いでしょう。良いと思ったことを葛藤なく素直に実行する。これだけであなたはハッピーになれちゃうのです。これも現世利益の一つの形と言って良いでしょう。なお、婆さんも相当の偏屈者でなければ素直にこれを喜ぶはずです。あなたもハッピー、婆さんもハッピー。これが神の王国です。

先の例は「困った人がいたら助けましょう」でしたが、同様に「真面目に働きましょう」「人の悪口は言わないようにしましょう」「小さなことで怒らないようにしましょう」「暴飲暴食を控えて体を大切にしましょう」「目標に向かって努力しましょう」といったことを掲げても構いません。真面目に働けば給料も上がりますし、悪口を言わず小さなことで腹を立てなければ、人付き合いが円滑になり家庭円満にもなるでしょう。暴飲暴食を控えれば健康に良いですし、ちゃんと受験勉強すれば大学も受かります。これ、全て現世利益です。「宗教というやつは子供でも分かるような道徳的なことを言ってるが、あれは何の意味があるんだ？」と思っている人もいるかもしれません。ですが、子供でも分かるようなことが実際に実行できないのだから、宗教という「理由」が必要なのです。

ちなみに現世利益を謳う宗教では、「望んだ結果が出なかったのはお前の信心が足りなかったからだ」と言われる場合がありますが、あれもあながち嘘ではありません。たとえば、信仰心が強ければ「教えの通りに受験勉強をがんばろう」となり、努力の果てに大学にも受かりますが、信仰心が足りなければ普通の人と同じですので、面倒くさくて勉強も疎かになり、大学にも落ちるということです。ですから、あなたの宗教でも「信心が足りないからだ」はある程度言い訳に使って構いません。しかし、どれほど努力しても大学は落ちる時は落ちます。本当に努力した人に「信心が足りないからだ」と言うのも酷ですから、その時は「一年浪人した方がキミのためだと神はお考えだ」などと、イスラム教のように結果を肯定してあげるのも良いでしょう。

最後に来世利益についても少し触れておきます。この項のテーマは「現世利益で一般人を釣ろう」というものですが、実のところ、浄土教のような来世利益型の宗教にも現世利益はちゃんとあります。というのも、浄土教は「死んだら極楽に行けるから安心だ」という教えですが、それで安心してハッピーになれるのは他ならぬ現世の人間なのです。だから、来世利益と言っても本質的には現世利益と言うことができるわけですが、まあ、しかし、一般人にはそんなこと分かりませんから、素直に現世利益を押し出しておいた方が無難でしょう。

【コラム】創価学会と現世利益

日本最大の新興宗教団体である創価学会も現世利益を謳っています。なんでも「南無妙法蓮華経を唱えれば無限のパワーが引き出せる」らしいのです。例によって、南無妙法蓮華経のお題目にそんな神秘的パワーがあるかどうか筆者は知りませんが、少なくとも次のような解釈をすれば、創価学会の現世利益を理解することは可能です。

まず、「無限のパワー」というのを「やる気」とか「努力しようとする気持ち」と置き換えてみます。つまり、お題目を唱えればやる気が出てきて、「よし、張り切って仕事しよう」「勉強がんばろう」という気持ちになれるのだと、そう考えて下さい。たとえば高校三年生の創価学会員のケースを考えてみます。彼は受験を控えていますから、「勉強しなきゃいけないなあ」とは思っています。ここで、「よし、やろう」と取り掛かれれば大学には大抵受かりますが、それができないのが普通の高校生です。

しかし、彼の場合は周りの創価学会員から、「お題目を唱えれば（無限のパワーが引き出せて）勉強する気になれるよ！」と聞いて、それを信じていたとします。すると、彼はお題目を唱えることで実際にやる気が出てくるのです。やる気なんてものは出すか出さないかだけですからね。必要なのは踏ん切りをつける「きっかけ」なのです。そして、信仰心さえあれば、お題目がその「きっかけ」となる可能性は十分にありうるのです。「お題目を唱えれば無限のパワーが！」などと言われればどうにもうさんくさい話ですが、しかし、このように理解するならば、創価学会の謳う現世利益も確かにありうると考えられるわけです。

ちなみに最近流行のヨガにも同じような面があります。ヨガのポーズを取るとイライラが静まって冷静になれたり、ストレスが和らいだりという効果があるそうですが、これはヨガに「心を落ち着かせよう」とする「きっかけ」としての意味合いがあると解することができます。「このポーズを取ると心が落ち着く」という信仰が先にあり、実際にそれをすることで「あなたが心を落ち着かせる」のです。ポーズを取ることは自分の精神をコントロールする「きっかけ」であり、乱暴な言い方をすれば、一種の自己催眠と言えるかもしれません。もちろんポーズ自体にも何か意味があるのかもしれませんが、やっぱり筆者は知りませんのでノーコメントで。

†偶像崇拝しよう

さて、あなたは既にオリジナルの神を作ったか、もしくはどこかから拝借してきたかと思いますが、今度はその神を象徴する偶像を用意しましょう。鰯《いわし》の頭も信心からと言いますし、なんでもいいから形があった方が一般人が取っ付き易いのです。仏教が日本に入って来た時、元からいた日本の神々には形がありませんでした。そのため形を備えた仏像にはみんながびっくりしたらしく、それが日本で仏教が広まった一要因とも言われているほどです。目に見えないとイメージもしにくいですからね。やっぱり形があった方がみんな取っ付き易いのです。

なお、仏教ではもともと仏像を作ったり拝んだりはしていませんでした。おそらく釈迦においては、自分が崇拝対象になるとは思っていなかったし、仏像という概念もなかったと思われます。それがいつの間にやら仏像が作られるようになり、現代日本でも全国至る所に仏像があるのが現状ですから、「形がある」ということがどれだけ強い力を持つか分かると思います。アメリカのアーティストが作ったビリケンさんなども、何の思想的背景も歴史的背景も持ちませんが、とりあえず形になったので、みんなが崇拝して足を掻《か》いているわけです。

もちろん、偶像崇拝を禁止している宗教もあります。ユダヤ教、キリスト教、イスラム教は偶像崇拝禁止で、特にユダヤ教、イスラム教は厳しく禁止しています。しかし、旧約聖書によれば、指導者のモーセが一般人を残してシナイ山に籠ってしまうと、残された人々は形のある神が欲しくなり、金の子牛像を作ってそれを礼拝したと伝えられています。これは結局、神の怒りに触れてしまうわけですが、いつの時代でも人は形のある崇拝対象を求めることが分かりますね。

それにユダヤ人は確かに神像は作りませんでしたが、カナンに着くまでは幕屋《まくや》と呼ばれる移動式神殿がありましたし、その後はエルサレム神殿を作っています。現代のムスリム（イスラム教徒）もカアバ神殿の方角に向かって礼拝してますし、キリスト教は十字架とかマリア像とかイコンとか色々ですね。彼らにとっては、これらは断じて偶像崇拝ではありませんが、しかし、「形あるもの」が何もないわけでもないのです。また、ムハンマドはメッカを征服した時に他部族の崇拝していた偶像を破壊しましたが、これは逆に言えば、それだけ偶像の力が看過できないものだったということでしょう。ローマ帝国もエルサレム神殿を破壊しましたが、その理由は「これがあるとユダヤ人が何度でもここに集まってきて反逆するから」というものでした。やはり、形あるものにはそれだけの力があるのです。

というわけで、偶像の持つ力は偉大ですので、あなたも偶像を作るべきでしょう。偶像は本当に何でも良いです。筆者が昔、尾道に旅行した際、岩を祀っている神社があったので現地住民に謂《いわ》れを尋ねてみたところ、「昔、乞食がずっと岩を拝んでいたら、みんなもつられて拝むようになって、いつのまにか神社ができた」と言っていました。これは極端な例ですが、偶像はその形が尊いのではなく、みんなが拝むから尊いということが言えると思います。それにキリスト教の十字架なんて、常識的に考えたら教祖の敗北の象徴でしかありませんよね？　ですが、キリスト教徒がイエスの刑死を人類の贖罪《しょくざい》と捉え、これを神聖視しているからこそ十字架は神聖となったのです。ですから、偶像は本当に何だって構いません。何だって構わないから、とにかくしっかり拝んで下さい。

ただ、何でも良いなら、わざわざ不気味なものや汚らしいものにする必要もないですよね。小綺麗で親しみやすいものにすべきでしょう。ですが、キリスト教のように、普通に考えれば不気味な十字架をあえて神聖視するというのもパンチが効いていて良いかもしれません。十字架だって、別に神が十字架の形をしてるわけではないですし、十字架の中に神が入ってるわけでもありません。偶像がどうであろうと神は別に存在します。偶像は神へと思いを馳せるための一つの方便に過ぎないのです。

というわけで偶像は適当にマークとか作るだけでも良いのですが、「何でもいいと言われても逆に難しいなあ」という方もいるかと思われます。そういう人は紙に神の名前でも書いておけば十分でしょう。実際、浄土真宗の蓮如《れんにょ》も、人に偶像をプレゼントする時は「南無阿弥陀仏」と書いた紙を渡していました。仏像が悪いわけではないけど、字だけの方がいい、と考えたのです。いわく、仏像や仏の絵だと芸術的な美に酔ってしまい、肝心の阿弥陀仏への想いがあやふやになるかもしれない、それなら字だけの方がいいんじゃないか、ということだそうです。これを敷衍《ふえん》して言うならば、あなたの字が汚くても構わないということですね。むしろ、ちょっとヘタなくらいが、より信仰も篤くなるというものです。

〈チェックリスト〉

□ 誰でも一分で理解できる教えか？
□ 小学生でもすべきことが分かるか？
□ 葬式はしているか？

□ 現世利益は謳っているか？
□ 偶像は用意できたか？

第三章

信者を保持しよう

教義を作り、また、大衆に迎合してそれを変質させたあなた。さらにここでもう1ステップを加え、教義をより実践的なものにしていきましょう。次にすべきことは、獲得した信者を逃がさないための教義作りです。

あなたの思想に触れて入信した信者も、時間が経てばその時の感動などすぐに忘れてしまい、他の宗教に鞍替えしたり、宗教活動が不真面目になったりするかもしれません。しかし、彼らの思想や生活の基盤をあなたの教義で変えてしまえばどうでしょう？ あなたの教えが、彼らにとっての「日常」となるわけです。日常を捨てることなんてできませんから、たとえ入信時の感激は薄れても、彼らはあなたの教えを捨てられなくなるのです。本章では、信者たちがごはんを食べるように、布団で眠るように、あなたの教えを彼らの日常とするための教義作りを解説していきます。

†怪力乱神を語ろう

以前に、日本人は宗教アレルギーと言いながらも、「なんとなく霊的なもの」を身近に感じていることを説明しました。夏場なんかは怪談話やホラー映画などがメディアでバンバン流れますよね。子供の頃からそういったものに触れて育っているわけですから、表面的には霊的なものを信じていなくても、「ひょっとしたら……」と考えている人は少なくないはずです。本当に気合の入った唯物論者なんてほとんどいないのですから。

ですので、あなたは人々の「ひょっとして幽霊とかいるのかな……」という気持ちに対して、何らかのアンサーを用意してあげると良いでしょう。前にも書いたとおり、人々は「なんとなく霊的なもの」を感じたとしても、宗教的な知識がないために、それを表現するボキャブラリーがないのです。あなたがしっくりくる説明を与えて彼らを納得させることができれば、彼らはあなたの宗教を信仰してくれるに違いありません。また、そうすることで、あなたの思想を彼らの「日常」とすることができるのです。

さて、ここでまず、幽霊について少し解説しておきましょう。例によって、筆者は幽霊が本当にいるのかどうかは知りませんが、少なくとも言えることは、「幽霊を見た」という体験自体には「大して意味がない」ということです。

実際のところ大抵の幽霊体験には実害がありません。幽霊が金属バットで殴りかかってきたという話はあまり聞きませんよね？　大抵は「わー、幽霊だ」「ああ、びっくりした」で終わる話です。つまり、幽霊を見たところで、実際、彼には何の影響もないわけです。だから、「体験自体」に意味はありません。ただし、それに対し、「オレ、呪われてんのかな、怖い」とか、「オレって霊感あったんだな」などと思うことで、その体験に「意味が付与」されます。むしろ重要なのは、その「意味のない体験」をどう「意味付けるか」ということなのです。

宗教的な知識のない人はそれを意味付ける体系的な方法を持ちません。そして、意味付けできなければ、それはただただ「不思議なこと」です。「不思議なこと」は不思議だから怖いのです。幽霊は金属バットを振り回すから怖いのではなく、分からないから怖いのです。無宗教者にできることは、テレビで聞きかじった中途半端な知識を元に、「オレ、呪われてんのかな」などと我流の意味付けをする程度です。こんな中途半端な意味付けでは余計怖さが増してくるだけでしょう。

一方、何かの宗教を信じている人であれば、それに対する「意味付け」の方法を持っています。たとえば、イスラム教であれば、よく分からないものを見た時は「ジン（＝精霊）だ」と考えるでしょう。キリスト教なら「サタンが惑わそうとしている」と思うことでしょう。なお、イスラム、キリストと来たので仏教のことも紹介しておくと、仏教では霊魂の存在を認めていません。霊魂がないのだから、当然、幽霊などいるはずもありません。だから、坊さんに相談しても、「はぁ？　幽霊を見た？　気の迷いじゃないですか」でたぶん終わりです。釈迦も「そんなクソみたいなこと気にしてるヒマがあったら修行しろ」と言っています。

まあ、つまり、「不思議なことに名前を当てはめる」にせよ、「気の迷いとして処理する」にせよ、とにかく宗教には「不思議なことに対処する方法論」があるということです。そして、不思議なことは不思議でなくなれば大して怖くないのです。

例えばこんな具合です。友人が幽霊体験を怖がっていた場合、あなたはこんなことを言ってみてはどうでしょう？　「怖かったかもしれないけど、それはあなたの亡くなったひいおばあさんの霊で、あなたを見守っているのだから心配いらないよ」「それは落ち武者ではなく、きみの守護霊なんだよ」と。もし、彼があなたの言葉を信じたなら途端に怖くなくなるはずです。「不思議なこと」に対し、「説明」が与えられたからです。

そして、彼はあなたの提示する「説明」を受け入れることで、長年の心配事に解決を見たわけですから、今度はあなたの提示する「説明」を丸ごと受け入れたい気持ちになっているはずです。一つの「説明」はあなたの霊的世界観から来るものですから、他の事項に対する「説明」と関係性を持っています。ですから、もし、あなたの他の「説明」を受け入れなければ、幽霊体験に対する「説明」も信じられなくなり、また、元の不安な気持ちに戻ってしまうわけです。たとえば仏教で言うなら、「幽霊は気の迷い」という坊さんの言葉で安心するためには、「霊魂の不在」という仏教の教義（説明）を受け入れる必要があるわけです。こうして仏教の説明を全て受け入れていったなら、その人は間違いなく「仏教徒」ですよね？

さあ、ここまで言えば分かりますね。あなたも、あなたの宗教で同じことをすれば良いのです。無宗教の人は「不思議なこと」に対する抵抗力がありません。そこで、あなたは「不思議なこと」を意味付けできるよう、しっかりと準備しておけば良いわけです。相手は中途半端な知識のせいで不安になっていますが、あなたは本格的で体系的な知識で相手を圧倒できますからね。こうして獲得した信者は、あなたの霊的世界観を受け入れて不安を解消したわけですから、そうそうあなたの世界観を捨てることはできないはずです。つまり、この信者を保持することが容易であるということです。

なお、「でも、オレが適当にでっち上げた解釈で幽霊現象を説明したら、オレが呪われたりしないかなあ」などと心配している人がいるかもしれませんが、そういう人は仏教の勉強でもして下さい。幽霊なんていないことが分かって、きっと安心できると思います。

【コラム】ハードコア無宗教

本文では、中途半端な知識を持った無宗教者は「不思議なことに対する抵抗力がない」と書きましたが、では、無宗教者が宗教に頼らず、「不思議なこと」に対抗するにはどうすれば良いのでしょうか？　筆者は「どうもしなくていい」のだと考えます。

そもそも、「世界のあらゆる現象は全て説明できるはず」などと考える方がおこがましい気がしませんか？　「全部分かるはず」と思うから、分からないことに出会うと怖くなるのであって、「たまには分からんこともある」と思えば、それだけのことではないでしょうか。私たちが「全部分かるはず」と思ってしまうのは、科学に対する信仰ではないかと筆者は考えています。

私たちは幼い頃より科学教育を受けていますから、ややもすると「世界は科学の通りに回っている」と考えがちです。しかし、無論、これは誤解です。実際のところ、科学はあくまで世界の説明原理に過ぎません。科学とは無関係に世界はいつも回っており、科学は世界の一部を独自の理論により体系立てて説明しているだけです。だから、科学で説明できないことだってあるのが当たり前と言えます。もちろん、遠い将来には科学で全てが説明できるようになるのかもしれません。その可能性はあります。しかし、現状はそうではない。それだけの話です。

だから、極論するならば、午前二時に突然人形が踊りだしたって、あなたは驚く必要はないわけです。「この人形、金属バットでオレに殴りかかって来ないかなあ」と物理的な心配をする必要はありますが、人形が踊ってること自体は、単に「よく分からない」ことでしかなく、別に怖ろしいことではないからです。千年後にはそれだって科学で説明されるかもしれませんしね。また、単に「よく分からない」だけなので、「それはカメハメハ神の呪いです！」などの宗教的説明に急いで飛びつく必要もないのです。まあ、実際は人間には本能もありますし、人形が突然踊りだせば誰だってびっくりします。しかし、理念的に言うならば、気合の入った無宗教者の取るべき態度とはこのようなものだと筆者は考えています。

†不安を煽ろう

人が宗教を意識するのは基本的に「困った時の神頼み」です。困ってないと宗教なんか見向きもしないものです。そして、「困った時」の最たるものはやはり「死」ですが、しかし、人間、死にかけのじいさんばあさんならともかく、若い時分には死についてリアルに考えることなどそうそうありません。したがって、多くの人は、宗教になど何ら関心を払わないのが現実です。浄土真宗《じょうどしんしゅう》に至っては、若く元気な時に死を恐れるだけで、「阿弥陀仏にすがるチャンス到来！」と褒められるくらいですからね。自発的に宗教に関心を持つというのは、そう簡単なことではないのです。

では、この場合、どうすれば良いのでしょうか？　その答えは論理的に示すことができます。彼らは困っていないから宗教に頼らないのです。ならば、彼らを困らせれば良いのです。もちろん、困らせるといってもバキュームカーで相手の家へ突っ込んで軒先でうんこをブチ撒けるとか、そんなヤクザな方法を取る必要はありません。教祖にはもっとスマートな困らせ方があるのです。

たとえば、キリスト教を見てみましょう。キリスト教の言うところによれば、毎日のほほんと暮らしている私たちも実は困っているのです。というのも、私たちは、遠い遠いご先祖様のアダムさんとイヴさんがエデンの園で果物のつまみ食いをした罪を引き継いでおり、このままのほほんと生きて死んだ場合は一〇〇％地獄に落ちてしまうのです。天国に行きたければキリスト教徒となって神を信じるしかありません。それで、もし彼らの言い分を信じるならば、私たちはこのままだと将来地獄に落ちて確実に困るわけですから、「そうか、今まで全然気付かなかったけど、オレって実は困ってたのか」と不安になってしまうわけです。これがどういうことか分かりますよね？　困ってなければ困らせればよいのです。

次に仏教を見てみましょう。仏教の教えによれば、修行をせずとも善行を積んでいれば死後に天界へ行くことはできます。天界は、まあ天国みたいなものですので、キャッキャ、ウフフと楽しい日々を過ごすことができます。ですが、それも永遠ではありません。天界にいる天人とて寿命はあります。そして、天人五衰《てんにんごすい》といって、天人も死にかけるとハゲてきたり体臭がキツくなったりと様々な老化現象に見舞われるのです。その上、死んだ後は地獄や餓鬼道に落ちてしまうかもしれません。天界へ行っても楽しいのは一時だけなのです。やはり根本的に解決するには仏道修行により悟りをひらき、解脱するしかないのです。

つまり、キリスト教も仏教も、「お前は自覚はないかも知れんが、実は生きてるだけで困ってるんだぞ」と言っているわけです。これはムチャクチャな言いがかりのようにも思えますが、しかし、考えてみれば、何不自由なく人生思い通りに楽しいことばかりで生きている人間などまずいないわけですし、一つや二つは嫌なことだってあるでしょう。少なくとも老いや死は免れません。その意味では「生きてるだけで困ってる」というのも確かにそう言えなくもない話なのです。仏教などは特にこういうニュアンスが強いですね。

なお、ここで大事なのは、相手は今まで「困っていると認識していなかった」ことです。「困っている」と思っていない相手に対して、「実はお前はこれこれこういう理由で、本当は既に困ってるんだぞ」というわけですから、ここにどういう理由を持ってくるかであなたのオリジナリティが問われます。そこで、もしあなたに「世間的には困ってないけど、あなただけは困っていること」があれば、それは大きなアドバンテージとなるでしょう。

仏教で言うならば、世間の人たちが老衰や病気、死をなんとなく受け止めている一方で、釈迦は老人や病人や死人を見て真剣にショックを受けたのです。「オレって何不自由ない王子様だと思ってたけど、老いとか病気とか死とか全然免れないじゃん！　オレって実はスッゲー困ってるじゃん！」と彼が気付いたのが、そもそもの仏教のスタートなのです。

釈迦はこの認識により、「何となく受け止めていること」を「困っていること」に変え、それを解決するための宗教を作ったわけですね。普通の人は自分が老化したり病気になったりするまで、この世が苦しみばかりだとは思わないものですが、釈迦は他人が苦しむさまを見ただけで危機感を持ち、若いうちからこれへの解決に乗り出したのです。この辺りは宗教者としての彼の突出したセンスと言えるでしょう。…………単にうつ病だったのかもしれませんが。

まあともかく、不安を抱いていない人に対し、「お前は実は既に困ってるんだぞ」と言うことは有効だということです。詳しくは次項に続きますが、この不安感さえしっかり抱かせることができれば、その信者はそうそうあなたの教団を離れられないはずです。

ちなみに現代において、この手法でもっとも成功している事例が「エコ」というアイデアでしょう。エコは私たちを常に「困った状態」にしています。このまま手をこまねいていると、近い将来地球環境が悪化して住めなくなってしまいますよ。私たちは既に困った状態にあるんですよ。だから、私たちは危機感を持ってエコに取り組まなければならないのですよ、とエコは言っているわけです。

このままだと本当に将来困るのかどうか筆者は知りません。しかし、少なくとも今のようにエコが声高に叫ばれるまで、私たちに「困っている」という意識はなく、その意味では私たちは「困っていませんでした」。ですが、そこにエコというアイデアが現れたことにより、「そうか、気付かなかったけどオレたち困ってたのか」となり、私たちはクーラーの設定温度を上げたり、米のとぎ汁を庭の植木にかけたり、ブランド物のエコバッグを買い漁ったりするわけです。

つまり、キリスト教が「そのまま生活してると死んだら地獄に落ちますよ」と言っているように、エコは「そのまま生活してると将来地球に住めなくなりますよ」と言っているのです。「死んだら地獄に落ちますよ」だと、「何言ってんだこいつ」と思う人はいても、「将来地球に住めなくなりますよ」なら、「それは大変だ」と感じる人が多いことでしょう。別にエコが疑似科学だとか宗教だとか言うつもりはありませんが、これは教祖を目指すあなたにとって大変参考になる事例だと思います。

†救済を与えよう

前項の「不安を与えよう」において、筆者は人々を不安にして宗教に引き込むことを提案しました。しかし、忘れないで下さい。教祖の仕事というのは、あくまで人をハッピーにすることだということを。不安なままではハッピーになれません。不安にしたからには、今度はそれを解決して救済を与えなければならないのです。キリスト教ならば「神を信じれば天国にいけるよ」、仏教ならば「悟りをひらけばオッケーだよ」とちゃんと解決法を与えてますよね。あなたも不安を与えたからには救済も与えなければならないのです。

では、「救済の与え方」の分かりやすい例として、ここで、浄土真宗系の新興宗教から発展した「内観療法」という精神療法を紹介しましょう。

内観療法では、まず、相手に対してセラピストが「あなたがお母さんにしてもらったこと、して返したこと、迷惑をかけたことを調べて下さい」などと過去の記憶を思い出すよう促します。場合によっては、母の代わりに父や兄、上司などになることもあります。そして、これを真面目に思い返してみると、大抵の人は父や母にしてあげたことよりも、してもらったことの方が遥かに大きいわけですから、なんとも申し訳ない気分になってきます。分かりますね？　まず、ここで「不安」を与えているわけです。

さて、ここまででは申し訳ない気分になっているだけですが、これを続けていくうちに、対象者の心情にある変化が生じます。「自分はなんてダメダメなやつなんだ」という想いから、「こんなダメダメな自分でも、みんなに助けられてちゃんと暮らしていけるって幸せだなあ」という考えへとチェンジしていくのです。この変化が生じれば内観療法は成功です。彼はこれまでの自分中心の価値観を脱却し、周囲の人々からの愛情に感謝できる新しい価値観を手に入れたわけです。そして、この瞬間、「不安」は「救済」へと変わるのです。

内観療法はアルコール依存症や神経症、家庭内暴力や犯罪者の再犯防止などに効果があると言われています。なお、内観療法は宗教的要素を抜いていますから、「みんなに助けられてちゃんと暮らしていけるって幸せだなあ」という形に最終的に落ち着きますが、この元となった「身調べ」は浄土真宗系の修行法ですから、こちらは最終的に「こんな悪人の自分でも阿弥陀仏は救ってくれるんだ」という確信へと行き着くわけです。

しかし、どちらにしろ、不安を喚起した後にそれに対するカタルシスを与える、という意味では変わりません。あなたがすべきことも要はこういうことだと考えて下さい。信者たちは不安に対する救済法を与えられたことでホッとしてハッピーになれるわけです。

また、組織を固めるという意味では、「うちの宗教を棄てたり信仰を怠ると、また不安に苛まれるぞ」といったニュアンスを出すことも大切です。とはいえ、辞めていく信者に対し、「呪いが下るぞ！」「不幸になるぞ！」などと下品に脅す必要はありません。そんなことをしていると外聞も悪くなりますしね。ですので、あなたはもっとお上品に、

「あなたがいま幸福なのはこの宗教を信じているからですよね？」

と言うだけで良いのです。たとえばキリスト教は前章で見たとおり、「このままだと将来地獄に落ちますよ」と言って人々に不安を与えます。そして、その上で「でも、キリスト教に入ってイエス様を信じれば天国にいけますよ」といって解決法も与えるわけです。では、信者が一度この解決法によりホッと胸を撫で下ろしたらどうでしょう？　信者はイエスを信じることで天国へ行けることを確信し、精神的な安堵《あんど》を得ました。彼には救済が与えられたのです。ですが、これは裏返せば、イエスへの信仰を失った時、天国への扉は閉ざされ、地獄への道が再び眼前に開けてくるということです。

となれば、彼は精神の安寧を保つためにもイエスへの信仰を棄てることはできません。

これは言うなれば「イエスの呪い」とでも言うべきもの。そう、救済と呪いは表裏一体なのです。もっと身近な例で言えば、あなたが毎年神社に破魔矢を買いに行くのも、あれも一種の呪いです。破魔矢を買っているからこそ、今のようにそこそこの暮らしができるのであり、破魔矢を買わなければもっと不幸な目に遭うのではないか？　という呪いが働いているのです。ですから、あなたも「一回コレをやればハイ救済。後は好きにしていいよ」というものではなく、教団への永続的なコミットメントを要求するような、そういった類の救済を与えるようにしましょう。

なお、組織を固めるという意味で、同じくキリスト教から非常に有用なアイデアを紹介しておきましょう。それは「予定説」です。これは簡単に言うと、信者が神を信じるのは信者自身の自発的意志によるものではなく、神が「信じさせてくれている」のだというものです。ということは、神への信仰心が持てない人は自発的意志により神を信じないのではなく、「神から見捨てられている」わけですね。この予定説の見地から見れば、信仰を持たない人たちは、神に見捨てられた、とっても憐れで可哀想な人たちなのです。

では、これを信者の立場から考えてみましょう。もし、信者のAさんが、急にふと神の存在を信じられなくなったらどうでしょう。予定説で言うならば、Aさんはこの瞬間、神に見捨てられたわけです。しかし、キリスト教信者であるAさんは、自分が神に見捨てられたなんて考えたくありません。つまり、「信仰が薄れている」ことすら認めたくないはずです。ならば、彼は必死に信仰に篤いフリをして、「オレちゃんと信仰心あるよ！」「神に見捨てられてないよ！」と自他を説得することになるでしょう。

これはつまり、「信仰を失う」という脱キリスト教的な動きすらも、キリスト教の枠内に抑え込んでいるのだと言えます。信仰を失ってもキリスト教から離れられるわけではなく、キリスト教の中で墜落するだけなのです。「予定説」は信仰を失った者にさえ、なおも自発的に信仰を求めさせる素晴らしいアイデアだと言えるでしょう。組織固めを考えるあなたには、とても参考になる方法だと思います。

†食物規制をしよう

組織を固める、という意味では他にも重要なポイントがあります。それは「差別化」です。あなたの教団内に特殊なルールを採用し、教団の内側と外側に温度差を作ることで、信者たちを教団に繋ぎ止めるのです。

信者たちに一般社会と異なる習慣を与えることで、どのようなメリットがあるでしょうか？　たとえば、信者たちに「自分たちは特殊な組織に所属しているのだ」という実感を持たせることができます。彼らは自分たちに課せられた特殊なルールを外部と比較するたびに、自分たちの特異な立場を実感できるわけです。

また、前に書いたとおり、その習慣が信者たちにとって、「当たり前のもの」「日常的なもの」になれば、今度はそれを捨てられなくなります。毎日やっている慣れ親しんだものを捨てるのは難しいことですし、それが「良いこと」であると考えているならなおのことです。差別化には自分たちの信仰を確認させ、強固にする力があると言えます。

そして、差別化のための具体的手段として、まず挙げられるのが食物規制です。仏教やヒンドゥー教における肉食の制限、イスラム教における豚肉食や飲酒の禁止はよく知られていますよね。また、ユダヤ教もレビ記にて色々と規制されており豚やエビは食えません。申命記《しんめいき》に「子山羊をその母の乳で煮てはならない」とあるため、クリームシチューが食べられないというのも有名な話です。

さて、この食物規制の効用ですが、たとえば、あなたの身近にイスラム教徒がいたとして、彼の気持ちになって考えてみて下さい。あなたは彼と一緒にトンカツ屋に行ったとします。しかし、あなたがトンカツを食って酒を飲んでいる横で、彼は「私はイスラム教徒だから豚は食えない」「私はイスラム教徒だから酒は飲めない」と自覚することになるはずです。つまり、彼は外部の人が豚を食ったり酒を飲んだりするたびに、「私はイスラム教徒だから」と自分の特殊性を実感し、これが彼の信仰強化に繋がるわけです。もちろん、だからといって、良かれと思いイスラム教徒をトンカツ屋に誘ったりしないで下さい。たぶん挑発だと思われます。

また、彼らは豚を食べないことを「良いこと」だと思っていますし、豚を食べない生活に慣れ親しんでいるわけですから、その慣れた生活スタイルを突然変えることも難しいのです。つまり、イスラムの生活スタイルが捨てがたいものになっているわけです。あなただって、明日から犬や猫を食べろと言われたら困惑しますよね。慣れたスタイルは変え難いのです。

食物規制は傍から見るとよく分からない代物ですし、実際にどういう理由があるのか分からないことも多いものです（イスラム教徒もなぜ豚肉を食べてはいけないのか分かっていません。しかし、全知全能の神がそう教えてくれたんだから、人間には分からなくても食べないことが正しいんだ、そのうち科学的にも正しさが証明されるだろう、と考えています）。ですが、それ自体に理由があるのかないのかはさておき、信者の気持ちになってみれば、少なくとも先述のように「信仰を強化する」意味はあると言えるわけです。

ちなみに、食物規制には社会学的な意味もあると言われています。そちらの解釈によると、食物規制をすれば異教徒と食事を共にすることが難しくなり、それに伴い友人作りや結婚が難しくなるので、同じ宗教の信者同士で交友や結婚をすることになる。つまり、食物規制には宗教コミュニティの強化としての意味合いがある、というものです。社会との接触を絶つことになるため、この意味での効果は現代においてはむしろマイナスかもしれませんが、しかし、食物規制にはやはり「内側の結束を固める」という意味合いがあったと言えるでしょう。

【コラム】お肉だいすき

本文で、仏教は肉食を「制限」していると書きましたが、というのも、厳密に言うと、仏教では肉食を「禁止」しているわけではないからです。

仏教の肉食に関しては時代や場所によって制限の度合いも様々ですが、たとえば、チベット仏教のダライラマ一四世などは、「わざわざ肉を欲しがるのはダメだけど、普通に市場で売ってるなら買って食えばいいんじゃん？」と言っています。実際のところ、これには健康上の問題もあるようで、「ベジタリアンの方が良いのはもちろんだし、わしも昔、ベジタリアンを目指したんだけど、身体壊してドクターストップ入ったんだよね」ということらしく、肉食禁止と口で言うのは簡単ですが、現実問題としてはそんな簡単な話ではないようです。筆者の知り合いの真言僧侶も、「修行中、ずっと肉食ってなかったら突然目が見えなくなってびっくりした」と言っていたくらいです。やはり簡単な話ではないのです。

また、「釈迦は豚肉に当たって死んだ」という説もあるように、初期仏教でも肉食は禁じられていませんでした。もちろん、この頃も「肉は食べない方がいい」という観念はありましたが、いかんせん仏教僧は人々からごはんを頂いて食べさせてもらう立場です。「そんなオレたちが、肉は食いたくないとか言えるわけないじゃん？」ということで、人々からもらうメシの中に肉が入っていてもごちゃごちゃ言わずに食っていたようです。これを不徹底と取るか、誠実な態度と取るかは人それぞれでしょうね。

そして、イスラム教の豚肉禁止ですが、こちらも、おそらく皆さんが思っているほど厳しいものではありません。たとえば、ムスリムの旅人が荒野で道に迷って餓死しかけた時。目の前になぜか豚さんがブーブーと現れたとしましょう。その場合、旅人はおそらくその豚さんを食べると思います。このケースはイスラム共同体からも特に非難されることはありません。コーランに「神への反抗心から食べるんじゃなくて、やむなく食べる場合は別にいいよ」と書かれているからです。また、中には「改宗したばかりの人は、いきなり豚肉全面禁止とかしなくても徐々に慣らしていけばいいよ」と解釈する人もいるほどで、アッラーはこの辺り意外と柔軟性があったりします。

他にもイスラム教では、アッラーの名を唱えながら屠畜した肉でなければ食べてはならない、とされていますが、これも「キリスト教国からの輸入肉なら食べてもオーケー」という解釈も出ており、その際はアッラーの名を唱えなくても良いみたいです。また、ムスリムがうっかり唱え忘れて屠畜した場合も、「アッラーの御名はみんなの心の中にあるよね！」ということで、それもどうもオーケーみたいです。さらにいうと、スーパーで普通に売っている肉でも「ビスミッラー（神の名において）」と唱えれば、一応食べても大丈夫とのことです。

もちろん、そういう解釈があったとしても、ムスリムの中には「いや、オレは厳格に守りたいね！」という人もいることでしょう。しかし、そういう人も他のムスリムに対して、「お前の食生活はアウトだろ」などというのはダメなのです。イスラムの禁止事項をハラームと言いますが、「ハラームかどうかを口やかましく言う」こともまたハラームとされているためです。なので、もしあなたがイスラム教に入信し、ムスリムの同胞の前で豚肉にむしゃぶりついたとしても、苦い顔はされるでしょうが、激怒されることはたぶんないはずです。

†断食をしよう

先の項では差別化の具体的手段として食物規制を挙げましたが、要は外部との違いを作れば良いのですから、食べ物以外でも違いを作ることは色々と可能です。たとえば、断食もその一つの手段となるでしょう。断食は様々な宗教に見られる行為です。イスラム教のそれが特に有名ですが、イスラムの背景を持つバハイ教でも断食は行われますし、ヒンドゥー教の断食も知られています。なお、釈迦も元々はヒンドゥー教の前身であるバラモン教のセオリーに則って断食をしていましたが、「断食じゃ全然悟りひらけないよ！」という結論に至って仏教を作ったわけです。そういうわけで仏教には本来断食はないのですが、比叡山の千日回峰行《せんにちかいほうぎょう》などでは断食を部分的に取り入れたりしています（千日回峰行は仏教というよりは修験道のニュアンスが強いのですが）。

さて、そこで、また例によって、あなたの身近にイスラム教徒がいたとして、彼の気持ちになって考えてみましょう。あなたも含め、周りの皆がランチにお弁当を食べている中で、断食中の彼一人だけが空腹に耐えている様子を想像して下さい。その時、彼はきっと自分がイスラム教徒であることを強く実感しているはずです。食物規制と同じで、周囲との違いが彼にその実感をもたらすわけですね。ちなみにイスラム教の断食は、「みんなで腹を空かせた貧乏人の気持ちになってみよう」というイベントですから、飢えの体験を共有することによりイスラム教徒同士の連帯意識も育つわけです。

なお、念のために言っておきますが、断食と言っても色々です。千日回峰行の断食は九日間飲まず食わずという、命懸けで挑む文字通りの「断食」ですが、イスラム教やバハイ教の断食は「一日の間の、この時間からこの時間までは食べてはダメですよ」というものです。イスラム教は一年のうち約一カ月の間断食をしますが、この期間中、信者は何も食べないわけではありません。そんなことしたら死にますよね。日の出から日の入りまでの間に食べられないだけなので、早朝や日没後にはちゃんと食べてますから、皆さんも勘違いして信者に無理な絶食を強《し》いないよう注意して下さい。

食物規制や断食の効果ですが、筆者の体験談としては、バハイ教の信者に「どんな時に自分がバハイ教の信者であることを実感しますか？」と尋ねた時の話を紹介できます。その回答は「周りがお酒飲んでる時に自分だけ飲まない時」「みんながごはん食べてる時も自分は断食してる時」などでした。「なんだか全然霊的な話じゃねえなあ」「もっと信仰の感激とか、そういう劇的なのはねえの？」と思うかもしれませんが、実際問題としては、霊的なものよりも、こういった身近な事例で自分たちの信仰を確認することが多いということでしょう。イスラム教やユダヤ教でもあまり違いはないと思われます。

ところで、差別化について、少しだけ抽象的な話をしますが、私たちにとって食事をすることは「普通のこと」ですよね？　そして、「普通のこと」は「世俗」に分類されることです。つまり、食事は「世俗の時間」と言えます。それに対して、断食は「普通ではありません」。断食は宗教的な理由により行われる特殊なことですから、いわば「聖なる時間」と言えるわけです。「聖なる」と言っても、倫理的な善悪という意味ではなく、「宗教的な」というくらいの意味です。ここで何が言いたいかというと、つまり、差別化というのは「世俗の〇〇」を「聖なる〇〇」へと変えることなのです。この点をちょっと覚えておいて下さい。

†暦を作ろう

そして、「聖なる時間」という意味で言えば、暦を作ることでも差別化は可能となります。暦というのは実はすごく大切なものなのです。私たちの生活に密着していることももちろんですが、なんといっても宗教行事というものは暦に従って行われるものだからです。これはゾロアスター教の例を見ると特に顕著です。

大抵の伝統宗教は、教義の解釈や後継者の問題からいくつかの派閥に分かれているものですが、現在のゾロアスター教も例に漏れず、いくつかの派閥に分かれています。しかし、その分かれ方が特殊なのです。彼らにはいくつかの暦がありますが、そのうちの「どの暦を用いるか」で派閥が分かれているのです。「なんで暦ごときで派閥が分かれるんだ？宗教と関係ないじゃないか」と思われるかもしれませんが、先にも言った通り、暦が違えば宗教行事を行うタイミングが異なってきます。そして、ゾロアスター教では「オレたちが正しいタイミングで正しい儀式をやってるから世界は保たれてるんだ」と考えていますから、当人たちにとって暦はとても大切なことなのです。このような例を見ると、確かに暦も大切な気がしてきますよね。ですから、暦一つとっても宗教は差別化を図れるわけです。あなたも教団独自の暦を作ってみるのも一興でしょう。

しかし、暦を独自で作るのも簡単なことではありません。「それは手間だなあ」という人にはもっとお手軽な方法もあります。教団独自の記念日を設定するのです。学校にも「創立記念日」などを設けているところがありますよね？　要はああいったノリです。ただし、学校の創立記念日はそれほど学校への帰属意識を喚起するものではありませんが、教団の記念日はもっと「今日は教団にとって特別な日である」という点をアピールしたいものです。それによって、その日一日を「聖なる時間」へと変え、世俗との差別化を図るわけです。

たとえば、イスラム教シーア派の記念日を考えてみます。ご存じの方も多いと思いますが、イスラム教は大きく分けるとスンニ派とシーア派の二派に分かれます。この二派の違いをすごく簡単に言うならば、「誰をムハンマドの後継者にするか？」という点で二者の意見が分かれているのです。スンニ派はムハンマドの血脈にこだわりませんが、シーア派は血脈を継ぐもの（これをイマームといいます）が後継者になるべきと考えているのです。「血脈なんか気にスンニ（すんな）、血脈を気にシーア（しな）」と唱えると覚えやすいです。

それで、シーア派はかつてスンニ派に暗殺されたイマームの殉教日を、悲しむべき日として シーア派の記念日に設定しているわけです。つまり、相手に殺された指導者の命日を記念日にしているわけですから、こんな記念日があればスンニ派との差異は明確になりますよね。また、この日はイマームの受けた苦難を分かち合うため、シーア派の人たちはバザールで鎖を買って自分の体をばちばち打ちながら行進したり、イマームの殉教を演劇で表現して、観客、出演者共に号泣したりもしてますから、それらによりこの記念日の意味はより明確となるわけです。こうすることで、シーア派の人たちはこの日一日を「自分たちがどうしてスンニ派と異なるのか」を意識しながら過ごすことができるでしょう。

このように記念日一つとっても教団への帰属意識を喚起することができるのですから、これを使わない手はありません。あなたにも教団のアイデンティティーを明確に示せる記念日が一つあると心強いですよね。

そして、他との差別化という意味では、ユダヤ教の安息日も参考になります。安息日とは宗教的に定められた「何もしてはいけない日」です。なぜかというと、神も七日目は働かなかったからです。ユダヤ、キリスト、イスラムの神は同じなので、安息日自体はキリスト教やイスラム教にもありますが、ユダヤ教のそれは特に厳格なことで知られています。敬虔なユダヤ教徒は安息日には車も乗らないし料理も作りません。エレベーターのボタンすら押さないのです。そのため、イスラエルのエレベーターは安息日には各階停止の自動運転になるほどです。彼らにとっては、車の運転も料理も、エレベーターのボタンを押すことさえもすべて「労働」であるからです。

こうして、週に一度、本格的に働かない日ができるわけですから、これは周りの人から見ても明らかに「なんか違う」ものですよね。「なんか違う」ということは、つまり彼らにとっては「聖なる時間」ということです。ユダヤ教徒は安息日のたびに自分たちが特殊であることをはっきり自覚できるでしょうし、それが彼らのアイデンティティーへと繋がり、内部の結束をもたらすのです。

なお、ユダヤ人はマカベア戦争の折、安息日にローマ軍に攻め込まれましたが、この時、神の教えを守って戦わず、結果、何もできないまま敗北した歴史があります。神の教えを守っても守らなくても国が滅ぶなんて悲しい話ですね。現代ではユダヤ人もこの事件から学習し、戦争になったら安息日でも戦いますし、また、救命活動も安息日でも行われるそうです。しかし、どこの世界にも厳しい人はいるもので、超正統《ウルトラオーソドクス》派のユダヤ人たちは安息日に働く救急車に石を投げつけると言います。筆者にはよく分からないのですが、投石は労働と看做《みな》されないのでしょうか。

【コラム】異常な宗教

本文で、シーア派のお祭りにおいては、信者が自分の体を鎖で叩くことがあると書きましたが、『ダ・ヴィンチ・コード』でもオプス・デイの男性が鞭で自分を叩くシーンがありましたよね。こういう自虐的な苦行に触れると、なんだか宗教ってとてもキモイ気がしてくると思います。また、ゾロアスター教では儀式の最中に信者が全裸になって牛の尿を頭から被りますし、無上ヨーガ・タントラの行者は、墓場で乱交しつつ射精を我慢したり、うんこを食べたりしていたと聞きます。こういった異常としか思えない話を聞くと、「やっぱり宗教キモーイ」などと思えてきますよね。

しかし、こういった異常性もまた差別化の一つと言えるでしょう。つまり、外部には理解できない、内部だけの論理を生み出すわけです。シーア派の男性が鞭で自分を叩くのはイマームの苦難を追体験するためですし、オプス・デイの苦行も十字架刑に遭ったイエスに倣《なら》うためのものです。ゾロアスター教の牛の尿も、当時、衛生作用のある液体がアンモニアしかなかったことに由来します。ですから、外部から見れば異常な行為でも、内部にはきちんとした論理があり、彼らにとっては「異常ではない」のです。筆者は浅学にして、うんこを食べる理由まではよく分かりませんでしたが、無上ヨーガ・タントラにもおそらく何らかの論理があったのでしょう。

というわけで、これらは外部から見れば確かに「キモイ行為」ですが、しかし、内部の人間にとっては「まっとうな行為」なのです。であれば、内部の人たちは、内部で固まらざるをえませんよね。同じ価値観を共有してくれるのは内部の人間しかいないんですから。よって、外部からの異常視は教団の差別化に繋がり、内部の結束を強める結果となるわけです。「一般的に見て異常な行為をする」というのは、あなたの教団運営上、良い手法かもしれませんね。ただし、やっぱり傍から見て異常なことに変わりはありませんから、外部の人たちがビビって入信してくれないデメリットもあるでしょうが……。

なお、念のために言っておきますが、その宗教行為が傍から異常な目で見られたとしても、それが悪いというわけではありません。信者がハッピーならそれで良いのです。オウム真理教も犯罪行為があったからこそ問題になったわけですが、麻原氏の風呂の残り湯を信者に販売すること自体は問題ではなかったのです。アイドルの残り湯なら金を払ってでも飲みたいという変態的男性諸君も少なくないでしょう？　それと同じことです。

〈チェックリスト〉

□オカルトに対応しているか？
□民衆の不安は煽ったか？
□民衆に救いを用意したか？
□食物規制はしているか？
□断食はしているか？
□暦を作ったか？
□オリジナルの祝祭日は作ったか？

□異常な振る舞いをしているか？

第四章　教義を進化させよう

これまでの過程を押さえておくだけでも、インテリを抱き込み、庶民の心を掴み、かつ、彼らの心を捉えて離さない教義が完成しているはずですが、思想面においては、他にもいくつかの注意事項があります。形式主義に陥ったり、一般的な善悪の観念に囚われないようしなければならないのです。

本章ではそれらの注意を促すと共に、他者に一歩差を付けたいあなたのために、より進歩的なアイデアを提供します。これらの問題点に留意し、さらに先進的なアイデアを取り入れることによって、あなたの教団は他教団よりも確実に一歩先へと進むことができるはずです！

†義務を与えよう

まずは宗教の与える義務についての説明です。前章で説明した食物規制や断食などもそうですが、信者に義務を与えるのは良いやり方です。しかし、義務と言うと皆さんの中には、

「宗教ってやつはとにかく義務が多いから嫌だ。豚肉を食っちゃいけないとか、一日五回礼拝するとか、ああいう面倒くさくて訳分かんない義務がなければ、もっと信者が増えるだろうになあ」

と思う方もいることでしょう。しかし、人はそんな簡単なものではありません。義務が無ければ無いで不安になってくるのが人間というものなのです。

たとえば、浄土教は「ナムアミダブツと心から唱えるだけで阿弥陀様が極楽に連れてってくれるよ」という教えですが、これも「ナムアミダブツと唱えなければ救われないのか」と考えてしまうものなのです。「無条件で救われる」というのは不安なのですね。逆に「これこれやっておけば救われる」という義務があった方がむしろ心安いのです。ですから、あなたもみんなをハッピーにするためにあえて義務を与えましょう。その方が教祖としても色々と便利ですし。

なお、その意味では浄土真宗などは非常にハードコアな宗教と言えます。親鸞《しんらん》などは「ナムアミダブツを唱えればオッケー」に加えて、「口に出さず心の中で唱えてもオッケ

ー」「心の底から一回唱えればオッケー」と言っています。たった一回で良いのです。こう聞くと、なんだかとってもお手軽で楽勝な気がしてきますよね？　しかし、残念ながら、浄土真宗は全然お手軽な宗教ではありません。浄土真宗がいかにハードコアなのかは、信者の心理を推測しながら考えてみると分かります。

では、試しにみなさんも今から唱えてみましょう。はい、いっせーのーせ、ナムアミダブツー。

…………いかがでしょうか？　なんか救われた気がしましたか？　親鸞の言う通りに一回だけ唱えてみましたが、「よっしゃあ！　これで死んでも極楽決定だ！　すっごいハッピー！」っていう気分になってますか？　なってませんよね。なれるわけないですよね。でも、これだけで「そういう気分になれ」と言ってるのが浄土真宗なのです。本気で阿弥陀仏の救いを信じていればそれが可能なんです。でも、それはとても難しいことですよね。全然お手軽ではありません。極めてハードコアなのです。

一方、イスラム教徒が毎日五回しっかり礼拝して、豚肉を食べず、ラマダーンはきっちり断食、貧乏人にもバリバリ寄付していたらどうでしょう。「オレ、アッラーの言いつけ、マジ守ってるもんね！」と、ちょっと誇らしい気持ちになれるでしょうし、「これだけやってんだから天国にも行けるさ！」と思う気持ちになったりするのも想像に難くないですよね？　そうです。義務がある方が実はハッピーになりやすいのです。実際、浄土真宗でも、「大きな声で唱えなきゃダメ」「唱えるだけじゃなく、たくさん寄付もしなきゃダメ」と言い出した人たちがいました。ナムアミダブツと一回唱えるだけではハッピーになれず、何か義務が欲しかったのです。しかし、親鸞は「あいつら何言ってんの、バカじゃねえの？」とこれを一蹴しました。実にハードコアですね。

ちなみに、ここで筆者がハードコア、ハードコアと言っているのは、宗教の中核が「信仰」にあるからです。つまり、浄土真宗でいえば「阿弥陀様はすっげえイイ人だから、こんな罪深い私でもニコニコしながら救ってくれる」という確信。これが一番大切なのです。実際問題、このことさえ信じておけば念仏なんてどうでもいいのです。だって、阿弥陀様はすっげえイイ人ですから。大きな声で唱えなくても、何回も何回も唱えなくても、寄付とかしなくても、すっげえイイ人だから救ってくれます。「お前、ちょっと声小さくね？」とか、そんな体育会系の先輩みたいなことは言わないのです。だから、「阿弥陀様はすっげえイイ人」を本気で本当に信じることができるならば、その人はもう念仏なんかどうでも良くって一生確実にハッピーなのです。そして、それにより「ハッピーになること」。これもまた「阿弥陀仏の救済」だと言えるのです。

死んだ後、阿弥陀仏がパーッと現れ、本当に極楽に連れて行ってくれるかどうか筆者は知りません。ですが、それを本気で信じていれば人生がハッピーになることだけは間違いないのです。だって、死んだら阿弥陀仏が極楽に連れてってくれますからね。少々現状が辛くたって楽勝ですよ。そして、そんな素晴らしい阿弥陀様にありがとうと言いたくなったら、その時にこそ言えば良いのです。「ナムアミダブツ」と。

ですから、もし、あなたがイスラム教徒で、「いやいや、アッラーはそんな度量の狭い神じゃないよ。オレが言い付け守らずに豚とか食っても全然救ってくれるよ」と本気で信じていたなら、あなたはいくら豚を食ってもハッピーです。義務は守っていませんが、あなたには「信仰」があるからです。ただし、あまりこれが行き過ぎるとイスラム教ではなくなってしまうことはあるかもしれません。イエスも元々はユダヤ教徒でしたが、「オレたちの神が安息日に病人を癒したくらいで怒るわけねえだろ」と言っていたら、ユダヤ教ではなくキリスト教となってしまったようにです。

……しかし、義務ではなく信仰が大切とはいえ、それを実践するのは非常に難しいことです。阿弥陀仏にしても、「何万回も大声で念仏を唱えて、多額の寄付や善行をしたから、それを認めて救ってくれるイイ人」と、「小声で一回ボソッと言っただけでも救ってくれる掛け値なしのイイ人」ならば、前者の方がまだ信じやすいでしょう。後者を本気で信じられる人間は「国に一人か、郷に一人」と言われる程に難しいのです。義務がある方が楽なのです。

また、義務という意味でみれば儒教も参考になります。儒教といえば道徳的なクソめんどくせえ規則で溢れ返っているイメージですが、あれも別に義務でがんじがらめにしたくてやってるわけではありません。むしろ、逆です。常識的な感情を自然に表現できるようにすることが本来の目的なのです。たとえば親を大事にしようとか、家族が死んだら悲しもうとか、そういう愛情や悲しみの念を形として表して、慣行として守っていこう、そうすればみんな素直に生きられるよね、というアイデアなのです。親が死んだ時にピンクハウスを着ていてはちょっと悲しみにくいですよね、そういう時はボロボロの服を着てた方が悲しみやすいですよ、という、いわばアドバイス集だと考えて下さい。

しかし、ここでポイントなのは、儒教にしても一番重要なのは「愛情」や「悲しみ」といった心の動きであって、規則はそれをサポートするものに過ぎないということです。「あ、オヤジ死んだの？　じゃあ、とりあえずボロい服着るか」という態度ではダメです。ましてや、ボロい服を探すのに一生懸命で悲しむヒマがない、などはまさに本末転倒です。ですが、義務があると「それだけ守ってればいいや」と思って形に囚われてしまい、本当に大切な「感情」が疎かになってしまうことがあります。その結果、「心を素直に表現しよう」と訴えた儒教は、真反対の「とにかく規則でがんじがらめ」というイメージとなってしまったのです。

ですから、みなさんは信者を楽にハッピーにするため、義務はむしろ与えた方が良いのですが、義務を与えただけで信者がハッピーになれるわけではないことも覚えておいて下さい。どれだけ過酷な義務を課しても、信者に信仰が欠けていればハッピーにはなれません。信者たちが形式的な義務の履行で満足してしまわないよう、しっかりと注意して下さい。

なお、熱烈な仏教ファンであった梁《りょう》の武帝《ぶてい》は達磨大師《だるまだいし》に対して、「オレって寺とかガンガン建ててるし、坊さんもたくさん養ってるから、かなり功徳積んでるよね？」と聞いたところ「功徳一切なし」と断言されました。禅も本当にハードコアですね。

【コラム】悪人正機

浄土真宗には「悪人正機《あくにんしょうき》」という言葉があります。「善人でさえ往生できるのだから、悪人ならなおさら往生できる」という意味です。普通に考えたら逆ですよね。善人よりも悪人の方が往生できるなんて考えにくいことですが、しかし、これは普通の意味での善人、悪人ということではありません。親鸞の言うところの善人とは、「自分が考える善行」を行い、それで「極楽いけるかな?」と思ってるような人のことで、一方、悪人とは、「オレって善行もできないよ、ホントだめだよな、こんなんじゃ極楽いけないよ」とションボリしている人のことです。

悪人正機は具体的に感情移入して考えると理解できます。悪人が「オレって本当にダメ人間だよな」「死んだら絶対地獄に落ちるよ」「オレなんか絶対誰も救ってくれないよ」と深く深く落ち込んでいるとしましょう。そんな時に阿弥陀仏が来て、「私はどんなダメ人間でも救いますよ」と声を掛けてくれたら、そりゃあ悪人は超感激しますよね。超感激して、「もう阿弥陀様に全部任せちゃう!」っていう気持ちになって、その人の残りの人生は全部ハッピーになっちゃうわけです。

しかし、これが善人だとどうでしょう。善人は「オレって結構イイやつだよな」「極楽往生できるんじゃね?」なんて思ってますから、阿弥陀仏に同じことを言われても、「ふうん」くらいであんまり感動しないのです。「まあ、よろしく頼むわ」っていう程度の気持ちなので、残りの人生もそんなにハッピーにはならないのです。

悪人正機は大体こんな感じの意味です。これがしばしば誤解され、「悪人の方が往生できるなら強盗しなきゃ!」とかアホなことを言い出す人も現れて、昔は色々大変だったみたいですが、大切なのは悪事を働くことではなく、ダメ人間である自分に落ち込むことなのです。

†権威を振りかざそう

前項では義務を与えることの大切さを説きましたが、こういったものは全て、あなたが権威をもって信者たちに与えなければならないことです。なぜなら、あなたが権威を振りかざすこと自体が、教団の結束を固めることになるからです。しかし、そう言っても、中にはこう思う方もいるかもしれません。

「でもさあ、これは食べちゃダメ、この日からこの日まで断食です、とか言って素直に聞いてくれるもんだろうか？　教祖からそんな命令されたらムカつくんじゃねえかなあ」

なるほど、もっともな心配だとは思います。ですが、ご安心下さい。まったくの部外者ならともかく、一度自分の意志で入信した人なら、きっと素直に聞いてくれるはずです。だって、人は権威に従うことが大好きなんですから。

「人は権威に従うことが大好き」ではちょっと語弊が生じますので、これをもう少し正確に言うならば、「権威に従うことを学びながら育っていくのが人間」ということです。つまり、人というものは常にその場における権威を見定め、それに服従しながら人生のステージを歩んでいく、そういうものなのです。

たとえば、人は最初は親という権威に従います。学校に上がってからは教師という権威に従い、そして、就職してからは上司という権威に従います。というのも、実際、多くの場合、幼児は親に従った方が安全に健康に成長できますし、学生は教師に、労働者は上司に従った方が社会的に有利なポジションを得やすくなるからです。こうして人は「権威に従いながら」生きていくことを学びます。そして、それが「社会に適応する」ということでもあるのです。なお、逆にこういった権威に常にツバを吐きかけながら生きる反社会的人間も少数ながら存在し、彼らは一般に「パンクロッカー」と呼ばれます（パンクロッカーについては拙著『完全パンクマニュアル』〈シンコーミュージック・エンタテイメント〉に詳しい）。

このように、人は常にその場の権威を求めるよう既に教育済みなわけです。むろん、あなたの信者たちだって例外ではありません。社会的に教育された彼らは、教祖であるあなたに権威を求めているはずですから、あなたは皆の期待に応え、権威を振りかざすべきなのです。権威をもって彼らにルールを与えましょう。それが皆の幸せのためなのです。

ですが、そう言うと、皆さんの中には、

「いや、だが、オレは親や教師には嫌々従いながら生きてきたぜ？　今だって上司をブン殴りたい気持ちを必死に抑えて働いてるんだ」

と、思う人もいることでしょう。権威に従う人生なんて何が楽しいんだ、オレは自分の意志で人生を切り拓いていくぜ。そう思いたい気持ちも分かります。

ですが、考えてみて下さい。この世界には「選択肢」が掃いて棄てるほどにあるのです。たとえば、私たちは何を食べれば良いのか？　その選択肢は食材の数だけありますが、あなたが誰の権威にも頼らないのだとしたら、無数の選択肢の中から自分の意志だけで、「健康に良い食べ物」「美味しい食べ物」を見つけ出さなければならないのです。これはとても大変なことですよね？

だから、人は権威に従います。イスラム教の開祖ムハンマドは神の権威をもって、「豚肉は食べちゃダメだよー」と言いました。すると、イスラム教徒は「そっかー、豚肉は食べちゃダメなんだー」と安んじて権威に従えるわけです。この時、果たしてイスラム教徒たちは、「豚肉が食えないなんてガッカリだぜ」と感じていたでしょうか？　むろん、中にはそういう人もいたでしょうが、しかし、ほとんどの人は「豚肉を食っちゃいけないって教えてもらえてラッキー」と考えるものなのです。

彼らは「イスラム教徒になる」ことまでは自分の意志で選択しています。たくさんある

「宗教」という選択肢の中から「イスラム教」を選択しました。ムハンマドがアッラーの使徒であることを認めたわけです。しかし、その先の選択、何を食べれば良いか等は、アッラーやムハンマドにお任せなのです。なぜなら、そっちの方が楽ちんだから。権威に従うというのは楽ちんなことなのです。

「いや、でも、オレはイスラム教徒じゃないし、宗教なんて一切関わってない。全部、自分で自発的に決めてきた。アッラーの言うことを守るのは確かに楽かもしれないけど、そんなことしようとは思わないね」

と、あなたは思うかもしれません。豚肉を食わないなんて非科学的な迷妄に過ぎない、と。しかし、どうでしょう。現に我が国においても、おばさんたちは「あるある大事典」や「おもいッきりテレビ」の権威に従い、納豆やバナナを買い漁っているではありませんか。おばさんたちは果たして、「みのさんの命令だから仕方なく……」「関西テレビの言うことは絶対だから……」と、嫌々ながら納豆を購入していたでしょうか？　いえ、そんなはずはありません。スーパーで大量の納豆を手にしたおばさんたちは、「納豆がダイエットにイイって教えてもらえてラッキー」「体にイイ食品が手に入ってラッキー」と、ウキウキしながら家路に着いたはずです。つまり、イスラム教徒とおばさんたちの違いは、ムハンマドの預言に従うか、みのもんたの御託宣に従うかの違いでしかないのです。

これが権威に従うということです。権威に従うのはとても楽ちんでハッピーなのです。なお、親や教師には反抗するのに、みのもんたには従順に従うのは、そこに本人の意志があるからです。「おもいッきりテレビ」にチャンネルを合わせるのはおばさんたち本人の意志であり、だからこそ、みのもんたには喜んで従うのです。親や教師に反抗して暴走族に入った若者も、暴走族のリーダーやOBにはちゃんと従いますよね。だから、あなたの宗教に自発的に入った人なら、同じ理由であなたの権威にも喜んで服従するはずです。彼らにはそれが一番楽ちんなのですから。

さらに言うなれば、こう考えることもできるでしょう。人は社会的に生きる以上、必ず何かの権威に従って生きていかざるをえません。しかし、どうせ何かの権威に従わなければならないのなら、早いうちから一本筋の通った権威を仰いでおくのは幸せなことだとは言えないでしょうか？　信仰を持った人に「信仰を持って良かったことはなんですか？」と尋ねると、「しっかりとした価値観が持てるようになった」「自分の中に一本芯が通ったから、ブレることがなくなった」「何かに迷っていても、自分には宗教という指標があるからそこに立ち戻れる」といった返事がよく返ってきます。これは言ってしまえば、「自分で考えることが減ったのですごく楽だ」ということです。楽というのはハッピーなのです。

もちろん、これは騙してるわけでも洗脳してるわけでも悪いことでもありません。結果として信者をハッピーにできればそれで良いのです。あなたが権威を持って信者を導くことで信者はハッピーになれるのです。そして、リーダーが権威を持ってこそ組織はまとまるものです。信者をハッピーにするためにも、あなたの教団を固めるためにも、あなたは断固として権威を振りかざすべきなのです！

……というと、あなたは今度は次のようなことを考えて、少し心配になっているのではありませんか？

「オレが権威ある振る舞いをして信者を導けば良いことは分かった。……でも、オレは教祖として誰の権威に従えばいいんだ？？」

なるほど、その心配はもっともです。ですが、何も悩むことはありません。あなたが従うべき権威など本書以外にありえないではありませんか。本書の権威に従い、本書の言う通りに行動すれば良いのです。そうすれば必ず教祖として大成できるでしょう。本書を信じなさい。本書を信じるのです。

†セックスをしよう

ところで、みなさんの中にはひょっとして、「聖職者や教祖になったらセックスの一つもできなくなるんじゃなかろうか。……セックスはしたいなあ。したいよう」と心配になっている方もいるのではないでしょうか。しかし、そんな心配は無用です。セックスしたければばして下さい。別にあなたがセックスしなかったからって、それで誰かがハッピーになれるわけじゃないんですから。セックスしたければばして下さい。

確かに、「セックスする宗教者はロクな人物ではない」というイメージが現代日本にあることは否定できません。しかし、そもそもセックスというのは社会的行為ですよね？セックスがなかったら社会が滅んでしまいます。宗教団体が反社会的なことをしたら「変なやつらだ」と言うのに、社会的なセックスをしたら「なんてダメな宗教だ」などと言われるのではたまったものではありません。それに教祖には禁欲を要求しても、自分たちはセックス禁止の宗教なんか入りたくないのが本音なのです。それなのに、なぜあなただけ我慢する必要がありましょうか。いいえ、ありません。セックスしたければばして下さい。

また、現代社会においては過度な奔放《ほんぽう》はともかく、配偶者との適切なセックスは肯定的に捉えられています。セックス全面禁止なんてしたら逆に不気味がられますし、するなといってもどうせします。最近ではアイドル事務所でさえ、「どうせ恋愛するなと言ってもするから」と言って恋愛禁止を諦めているくらいです。ですので、あなたの心情面でも、教団運営上の意味でも、セックス禁止にあまり意味はありません。世間一般のイメージになど惑わされず、セックスしたければして下さい。

しかし、とはいえ、一般人が宗教に対して禁欲的なイメージを持っていることも確かですから、教義でしっかりとその点を説明して、セックスを正当化しておく必要性はあるでしょう。では、あなたはいかにして、これを正当化すれば良いのでしょうか？

現代の日本人の「セックスする宗教者はロクでもない」というイメージがどこから来ているのかは定かではありませんが、まず考えられるのは仏教の影響でしょう。今でこそ坊さんの妻帯は普通ですが、元来、仏教僧は家族を捨てて出家するものでしたし、妻を娶《めと》ることなどありえませんでした。親鸞は自身の宗教的確信から妻帯しましたが、当時は生臭坊主扱いされて流刑にまでなっているのです。このような仏教のイメージが現代日本人のスタンダードとなっているなら、セックスする宗教者に違和感を感じるのも無理はありません。

では、その仏教から、この問題の解決法を探ってみましょう。たとえば、真言密教には『理趣経《りしゅきょう》』という経典があります。そして、ここには「セックスでアーン！ってなるのも清浄な菩薩《ぼさつ》の境地だよ」と書かれているのです。理趣経ではセックスを肯定しているのですね。「人間は生まれつき汚れた存在じゃないんだから、人間が普通にする行為は清浄なんだよ」ということです。これを「自性清浄《じしょうしょうじょう》」と言います。ありのままの人間性を肯定する思想は万人に受け入れられ易いアイデアでしょうし（誤解もされやすいところですが）、この辺りをパクっておくと、あなたもお手軽にセックスを正当化できると思います。

しかし、中には「いや、違う。俺がしたいのは、そういう節度あるセックスなんかじゃねえ。教祖という立場をフルに利用して、とにかくセックスしまくりたいんだ」という方もいることでしょう。分かりました。あなたの情熱に我々も応えましょう。

あなたが教祖としてセックスしまくるには、教義の中でセックスを重要なものとして位置付けるしかありません。それに、実際にセックスを重要視する宗教は少なくないのです。たとえば、道教においては房中術《ぼうちゅうじゅつ》というものがあり、性交のパワーにより不老不死の仙人になろうとしました。また、チベット仏教でも、大昔には無上ヨーガ・タントラの行者が墓場で乱交したりしていたといいます。ドルジェタクという僧侶はそのセックスパワーを用いて対立する者をバンバン呪殺していたという伝説が残っているほどです。まあ、考えてみれば、性的興奮に達する時の内的エネルギーはかなり激しいものですから、それを何かに利用できないか？　と考えた宗教家がいたとしても、それほど不思議な話ではありませんよね。この辺りをあなたなりに理論化できれば、セックスを重要なものとして教義に盛り込むことも可能でしょう。

ただし、注意して欲しい点が二つあります。まず、あなたが邪《よこしま》な目的ではなく、本当にセックスを宗教的に利用したいと、清らかな気持ちで真剣に考えていても、入信する信者の動機まで清らかなものとは限らないということです。というか、まず大半は不純と考えるべきでしょう。そもそも、あなた自身が不純ですよね。

実際に多くの宗教において、セックスを利用した宗派は手段と目的が逆転、つまり、セックスをすることが目的となってしまい、荒廃する運命にありました。あなたがこれを防ぐには、教祖や一部の幹部など、修行が進み、真剣にセックスパワーを利用できる者だけにセックスを許すことにした方が良いでしょう。

ですが、そうすると二つ目の問題が発生します。どれだけあなたがセックスを理論化しても、あなたや一部の幹部だけがセックスやりまくりという状況は、傍から見ると淫祠邪教《いんしじゃきょう》以外の何物でもないのです。先に挙げた『理趣経』ですが、これを経典とした真言立川流《しんごんたちかわりゅう》なども淫祠邪教として江戸時代に弾圧を受けて潰されています。実際のところ、誤解は免れないものと覚悟すべきでしょう。というか、あなたの動機は不純なので誤解でもなんでもないですよね。まあ、後世に汚名を残す覚悟があれば、一代で絶えることを恐れずガンガンやりまくるのも一つの生き方とは言えるでしょう。

というわけで、社会の反感を気にしないならば、教祖となってセックスしまくることも不可能ではないですし、それを理論で正当化することも可能です。ですが、「いやいや、オレには無理だ。社会の反感を意に介さずセックスやりまくるなんて、とてもそんな豪胆さはないぜ」という方も心配しなくて大丈夫です。やりまくり、というのは難しいかもしれませんが、あなたが教祖としてそこそこ成功し、多くの信者にハッピーを与えているならば、必ず異性の信者から好意を寄せられるはずです。と、言いますか、異性の信者から全く好意を寄せられないようでは、あなたの教祖生命など長続きするとは思えません。むしろ、群がる異性をばったばったと斬り捨てるくらいの気持ちでいて下さい。教祖ってそういうものでしょう？

【コラム】ゆるゆる教祖生活

本文中で「あなたがセックスしなかったからって、別に信者がハッピーになれるわけではない」と書きましたが、これは性欲の問題だけではなく、たとえば酒やカネに関しても同じことが言えます。宗教者というと、セックスをしないとか酒を飲まないとか清貧生活を送るとか、そんなイメージになってますが、別にあなたがそんな禁欲生活をしたって、それで誰かが幸せになれるわけではないのです。それはあくまで人をハッピーにするための手段でしかありません。そんな生活を普通の信者が真似できるわけないという意味では、教祖は逆に、もっと世俗的な生活を送る方が良いとさえ言えるかもしれません。

本文中にも書きましたが、浄土真宗の宗祖である親鸞などはまさにそういったタイプでした。彼は肉も食いましたし嫁も娶りました。これは親鸞に「肉を食おうが妻を持とうが阿弥陀様は救ってくれる。阿弥陀様はそんな小さいヤツじゃない」という宗教的確信があったからです。親鸞のような煩悩まみれの人間でも極楽往生できますよ、というのが浄土真宗の教えなのですね。現実問題、厳しい禁欲生活を送れる人間よりも、肉も食いたいし、嫁も娶りたい人間の方が多いのですから、そのレベルにまで合わせた上で「それでも救われますよ」と教えることは、より多くの人々を救うことになったはずです。

親鸞は人間の捨て切れない欲望をある程度肯定したと言えますが、このように「自分は特別な聖人ではない」「あるがままのふつうの人間である」と表明する姿勢が、逆に信者から好感を持たれることもあります。たとえばイスラム教のムハンマドなどがそうでした。彼は、「わしは神でもないし天使でもない。めしを食い、市場を歩き回るただの人間にすぎない」と言っていますし、語り継がれるところによれば「女と香料とかぼちゃの煮物が大好きで、痛いのが大嫌い」だったとも言われています。

　そんなことを言われると、なんだかそこらへんにいるおっさんのような感じですが、イスラム教徒にとってはここが重要なポイントで、彼らにとってムハンマドは、「僕たちにも真似ができる現実的な範囲での模範的人物」なのです。右の頬を打たれたら左の頬を差し出すような聖人は真似しようと思っても並の人間には難しいですよね。でも、自分からは手は出さないけど殴られたら殴り返すくらいの聖人なら模範にできるというわけです。

　このように、親鸞やムハンマドのような教祖像を目指すのであれば、あなたは特に堅苦しい思いもせず、「現実的な模範的姿勢」を示すことで信者にもハッピーを与えることができるというわけです。ですから、「教祖になるからには堅苦しい生活をしなきゃいけない」などと思い詰めないで下さい。何事もやり方次第なのです。

†科学的体裁を取ろう

　本書をここまで読み進めてきた読者の皆さんは、おそらく教祖の素晴らしさに胸のドキドキが抑え切れなくなってきた頃合と思われます。ですが、ここで一つ残念な事実をお伝えしなければなりません。新興宗教は、残念ながらとてもうさんくさいのです。おそらく現存する全ての日本語単語の中でもっともうさんくさい言葉が「新興宗教」です。いかにあなたが人類の幸福促進のため、善意一〇〇%で素晴らしい教えを説いたとしても、新興宗教のうさんくさいイメージが払拭されるわけではありません。この点が教祖のネックであることは否定しきれない事実です。

ですが、もし、あなたにこれができるのなら、そんな問題もスッキリ解決します。そう、科学的な体裁を取れば良いのです。なにも馬鹿正直に「私がやっているのは宗教です」などと言う必要はありません。「私は科学的な話をしているのです」としれっと言い放ってやれば良いのです。これはいわゆる疑似科学、エセ科学というやつですが、大丈夫、普通の人は「これは科学です」とさえ言っておけば絶対に疑いません。これを巧くやれば、信者を引っ掛けることなど全く造作もないことです。普通の人は新興宗教の言ってることは頭から疑ってかかりますが、科学だと言い張りさえすれば、無条件で信じるところからスタートしてくれるのです。

これには、たとえば『ゲーム脳の恐怖』『水からの伝言』などが参考になるでしょう。どちらも「ゲームをやりすぎると良くない」「ありがとうなどの美しい言葉を使おう」と当たり前のことしか言っておらず、新興宗教と考えるとインパクトの薄い部類に入りますが、当たり前のことに科学的体裁を与えることで説得力を持たせているのです。同じことを宗教団体が言っても、絶対にこれほど受け入れられることはなかったでしょう。とにかく科学的な体裁を取ることが大事なのです。大丈夫です。どうせ一般人は科学的検証なんて絶対しません。マイナスイオンは体に良いし、コラーゲンを食べるとお肌がつやつやになるのです。

そうです。一般人は科学の検証なんかしないのです。これは使い古された言葉ではありますが、「科学も宗教」です。この表現は使う人によって色んな意味があるでしょうが、少なくとも科学に対する人々の「信仰」があることだけは確実です。科学は、確かに頭の良い人たちが一生懸命試行錯誤して辿り着いた知恵ではあるでしょう。しかし、その科学を利用する私たちは、別に頭が良いわけでもないし、一生懸命試行錯誤したわけでもないのです。科学自体は論理的かもしれませんが、私たちは非論理的に科学を信用し、それを利用しているのです。非論理的な信用は、つまり「信仰」ですよね。この意味で、科学は確かに宗教であると言えます。しかし、私たちはしばしば科学を「信仰」していることを忘れ、絶対的真理であるかのように錯覚してしまいます。

普通の人は科学であるというだけで頭から信頼します。昔の西洋ではキリスト教が同じような立ち位置にあったことでしょう。「教会の言ってることだから正しいんだ」と。今はそれが科学になっているだけです。ですから、極論になりますが、あなたが現在において新興宗教を作るなら、最も適切な手段は「科学的体裁を取ること」です。信じるとか信じないとかいうレベルではありません。あなたの言うことを信じるのが「当たり前だ」と思わせるのです。

もちろん、科学的体裁を取れば、批判的精神を持ったインテリが科学的に反論してくることもあるでしょう。しかし、一般人は見たいものしか見ないので関係ありません。たとえばインターネットの検索システムを考えて下さい。「うちの子がゲームばっかりで困るわぁ」というお母さんがネットを見て、『ゲーム脳の恐怖』の教義を布教しているページを見つけたとします。お母さんは「なるほどねえ。やっぱりゲームって危ないのね。科学的に証明されてるんだわ」と納得します。ここでお母さんが、わざわざ『『ゲーム脳の恐怖』に対する科学的反論記事」を検索するでしょうか？　いいえ、しません。最初の記事を見た時点で、お母さんが必要な情報は既に得られているからです。また、お母さんのお友達はゲーム脳の話を聞いて、「変な話だなあ？」と思うかもしれませんが、お母さんの機嫌を損ねるリスクを犯してまで無理に反論しようともしないでしょう。結局、お母さんがエセ科学に気付く可能性は低いのです。

……と、このように書くと、まるでエセ科学が悪いかのようですが、しかし、科学も宗教であるからには宗教と同じです。多少暴論になりますが、別にエセ科学でも構いません。それでハッピーになれるなら信じていれば良いのです。『ゲーム脳の恐怖』はゲーム会社と子供たちには迷惑な代物ですが、子供がゲームのやりすぎで困っていたお母さんには福音だったことでしょう。『水からの伝言』は、水に「ありがとう」と言ったからって反応するとは思えませんが、ロマンのある話ですし、信じているとちょっと素敵な気分になれるかもしれません。ですから、あなたも科学的体裁を取ることで人をハッピーにできるのならそれで良いのです。「科学も方便」です。

【コラム】宗教としての『水からの伝言』

二〇万部以上が発行され、小学校の道徳教育にも使われたと言われる江本勝氏の『水からの伝言』ですが、まず、これの内容を簡単に説明しておきましょう。これは、江本氏が水に「ありがとう」や「ばかやろう」などの声を掛けてから、水の結晶を写真に撮影。すると、「ありがとう」と声を掛けた結晶は美しく、「ばかやろう」と掛けた結晶は醜く写る、というものだと一般に言われていますが、実際は他にも、都会の水道水と田舎の水道水を比べて「田舎の水道水の結晶の方が美しいですね」とか、ヒトラーとかマザーテレサとか書いた紙を水に見せたり、水に様々なジャンルの音楽を聴かせてから結晶を撮影したり、といったことも行われています。

さて、ここからは筆者の全くの私見です。

江本氏は水の結晶を見て、綺麗だとか汚いとか言っているわけですが、しかし、そもそも美醜の判断というのは人それぞれの主観的なものです。現に筆者も、「江本氏は汚いって言ってるけど、この結晶は綺麗じゃないかなあ」というのがいくつかありました。そこで思ったのですが、もしかすると江本氏は、自己の「綺麗」という価値判断に基づいて、水の結晶を「綺麗」と見なしていたのではないでしょうか？　つまり、「ありがとう」と言ったから、水の結晶が「綺麗」になったわけではなく、「ありがとう」という言葉は綺麗なものだから、「ありがとう」と言った水の結晶も「綺麗に見えた」のではないか、ということです。

もちろん、大半の人が見て、「綺麗だなあ」と認める結晶もあったことでしょう。しかし、少なくとも「綺麗かどうか微妙な」結晶に対しては、このような価値判断が先に下されていた可能性はあると思います。そして、ちょっと強引ですがこれを敷衍して言うならば、『水からの伝言』とは、「水という仲介物を通して、世界に対する江本氏の価値判断を表明した作品」ではないかと筆者は考えるのです。水とか結晶とか本当は必要なくて、「私は都会より田舎が綺麗だと思います」「ヒトラーは悪いやつだと思います」「ハードロックはきらいです」という江本氏の意見表明をしているだけではないか、と。

さて、これをイスラム教と比べてみましょう。ムハンマドは神からの啓示を受けて、「両親を大切にしようね」「孤児はいじめちゃダメだよ」などの様々な善し悪しを私たちに伝えました。それで、あくまで仮にですが、「アッラーは本当は存在していない」と仮定します（筆者にはアッラーが存在するかどうかなんて分かりませんので、あくまで仮定です）。すると、この場合、ムハンマドは「神という仲介者を通して、世界に対する自分の価値判断を表明した」とは言えないでしょうか。ムハンマド自身、幼い頃に両親を失い、孤児として過ごしています。彼にそのような経験があったため、「両親を大切にしようね」「孤児はいじめちゃダメだよ」と、「神がそう伝えてきたように」感じたのです。もちろん、イスラム教だけではなく、他の宗教に対しても同様のことが言える可能性はありますよね。そして、このように宗教を理解するならば、『水からの伝言』もまさに宗教と言えるのではないでしょうか。

なお、江本氏自身は「水からの伝言はポエムだと思う」と発言していますが、世界を己の感性で捉えて表現することは確かにポエムですので、その意味では、なるほど『水からの伝言』はポエムだなあ、とも思います。個人的には、エセ科学うんぬんや社会的影響を抜きにして芸術作品として捉えるならば、『水からの伝言』は新しい切り口で自己の世界観を表現した、なかなかユニークな作品ではないかと思っています。

†悟りをひらこう

本書のコンセプトは、選ばれた一部の人間にではなく、誰もが教祖となれるよう、手取り足取りノウハウを伝えるというものです。ですから、本来ならばみなさんは悟りをひらく必要などありません。本書はみなさんにそんな特殊技能は要求したくないのです。ですが、もし、あなたが「弟子に悟りをひらかせたい」と考えているならば仕方ありません。あなた自身も悟るしかないでしょう。

しかし、そもそも悟りとは何なのでしょうか。いかんせん筆者も悟ってないので、「悟り」が何なのかよく分かっていませんが、諸々の文献を見た限りでは、どうも手からビームは出ないようです。空も飛べそうにありません。悟りは超能力ではないのです。もうこの時点で悟りの魅力は半減以下だと思うので、興味を失った方はさっさと飛ばして次の章に移って下さい。

……さて、「そんな悟りでも良いから一応ひらいときたい」という物好きな人のためにもう少し説明しますと、先にも述べた通り、悟りは物理的にどうこうという類のものではないようです。つまり、精神的な現象だと考えて下さい。悟りはあなたの「頭の中だけで」起こる現象です。筆者にもよく分かりませんけど、そうなると、もうこう考えるしかないですよね。悟りというのは要するに、「あなたの脳みそがどうにかなった弾みで起こる現象」なんだと。乱暴に言えば脳みその錯覚現象です（まあ、悟った人に言わせれば我々の通常の脳みその働きの方が錯覚なわけですが）。

そして、そう考えるなら話は簡単です。つまり、あなたはこの錯覚を起こせば良いわけです。では、どうすればその錯覚を起こせるかというと、たとえば、禅ではこのような修行をしています。老師が杖を掲げて、「さあ、これはなんだ。言ってみろ」と言うのです。しかし、「ジジイ、ついにボケたか」と思い、ホイホイと「杖です」などと答えれば杖でブン殴られます。だからといって、「杖じゃない」と答えてもやはり杖でブン殴られますし、困って黙っててもやっぱりブン殴られます。これがいわゆる禅問答というやつです。禅は実にバイオレンスですね。

……と、このような問答を繰り返していく内に、禅者はあるとき不意に「悟り」という状態になるのだそうです。正直、ボコボコ殴られたせいで頭がどうにかなって悟ってるんじゃないかと思わずにいられないのですが、とにかくこれで悟れるのだそうです。

なお、他の禅者はどのようにして悟りを得たのか、いくつかその実例を挙げておきましょう。あるところに何を聞かれても指を一本立てるだけの和尚がいました。寺の小僧がある時、それを真似してみたところ、和尚が突然刃物を振り回し始めたではありませんか。小僧は指を切り落とされ叫びます。「ギャー！」。すると和尚はいつものように指を一本立てました。小僧はたちまち悟ってしまいました！

また、臨済宗《りんざいしゅう》中興の祖である白隠《はくいん》は、師匠にボコスカ殴られて崖から突き落とされ、さらに托鉢《たくはつ》中にババアに箒で尻を叩かれた瞬間に悟っています。どちらも外因性のショックで頭がどうにかなったんじゃないかと思わずにいられませんが、とにかく、こうやって禅者は悟っているようなのです。

そういうわけで、あなたも悟りたければ禅寺に入門すれば良いのですが、しかし、「これはちょっとやってらんないなあ……」と思う人も多いことでしょう。そういった人にはもう少しお手軽な方法があります。ＬＳＤやマジック・マッシュルームなどの幻覚剤を用いるのです。昔、ティモシー・リアリーという偉い学者が実際にこれを実験していました。著者には経験がないので分かりませんが、これらを使えば同様の錯覚を起こすことが可能なのかもしれません。ただし、現在の日本ではどちらも非合法となっています。運用は自己責任でお願いします。警察に捕まっても、間違っても本書を出さないで下さい。

さて、ここまでをまとめると、悟りとは要するに「脳みその錯覚」だと思われます。ですから、この錯覚を意図的に発生させる方法や思考法を確立できれば、あなたは自分でも悟れるし、人を悟らせることもできるんじゃないでしょうか。なお、この方法を二五〇〇年前に確立したインド人がいます。ゴータマ・シッダールタ、すなわち釈迦です。仏教は釈迦の完成した「完全悟りマニュアル」だと考えても良いでしょう。

ですが、ここだけは誤解して欲しくないのですが、釈迦が「錯覚を起こす方法」を発明したのだとしても、彼はただの発明家というわけではありません。それによって人をハッピーにしたのです。今まで書いてきたように、悟りがただの脳内現象だと理解するなら、問題はあなたがそれをどう扱うかです。神がいようがいまいが関係ないのと同じで、悟りという現象からどれだけの「素晴らしいこと」を得られるか。それが大切なのです。

禅で言うならば、悟りに至るまでに積み重ねてきた修行、また、悟りという脳内現象の後に変化した人生観。これらがその人の中でどのような意味を持ち、その人をハッピーにできるかどうかが重要なのです。そこらへんのおっさんが「オレは神を見た！」と言い出したら狂人でしょう。ですが、おっさんが修道士や神父なら彼は聖人になれるかもしれません。「現象」は同じであっても、「現象の持つ意味」まで同じとは限らないのです。「悟り」自体はいざとなればドラッグでもなんとかなるものかもしれません。ですが、「悟り」という現象をどれほど素晴らしいものにできるかは、教祖であるあなたの双肩に掛かっているのです。

〈チェックリスト〉

- □信者に義務を与えているか？
- □形式主義に陥っていないか？
- □権威を振りかざしているか？
- □セックスしてるか？
- □科学的体裁は取ったか？
- □悟りはひらいたか？

第二部

実践編

第五章 布教しよう

思想面が完備されたら、次はいよいよ実践に移ります。まずは信者の勧誘です。これまでの努力により、あなたの教義は大変魅力的なものとなっているはずですが、しかし、当然、どんな魅力的な教えも人に伝えなければ意味がありません。大変とは思いますが、身を粉にして布教を行いましょう。大丈夫です。きっと信者はできます。努力して作った自分の教義を信じてください。

とはいえ、もちろん闇雲に布教をしてはいけません。費用対効果という言葉もあります。布教すべき対象を的確に見定め、より効果の高い相手を優先的に布教するべきでしょう。手当たり次第に布教できるようになるのは、あなたの教団がそれなりの人数を得てからです。本章では、布教に際し適切な対象の選択、ならびに、その布教法について解説します。また、さらに一歩進んだ布教法として、宗教コミュニティや宗教建築についても触れておきます。

†弱っている人を探そう

信者勧誘において、まず初めに狙いたい人たちが、病気で苦しんでいる人や、死にかけの老人などです。彼らは絶好の布教対象ですので、確実に探し出して布教しましょう。

しかし、そういうとあなたは、「弱って判断力のない人を騙すなんてひどいなあ」などと、良心の呵責《かしやく》にうっかり苦しんでしまうかもしれません。ですが、逆です。弱っている人を救うことこそ宗教の本分ではありませんか！　これは誉められこそすれ、非難されるようなことではありません。じゃんじゃん布教しましょう。

さて、その方法ですが、前に筆者は、幽霊体験などの「不思議なこと」に意味付けすることの有用性を説きましたが、これは「不思議なこと」だけに限りません。ちょっとした偶然だとか、思いがけず巻き込まれた事故なども霊的に意味付け可能なのです。

たとえば、病気や事故など何かの不幸に見舞われた時、ユダヤ教であれば「これも神の思し召し。神のすることは人間には計り知れないから神を信頼して耐えよう」と考えます。また、キリスト教も「神の思し召し。神を信じよう」と考えますし、イスラム教は「神が我々をテストしている」と考えるわけです。こうして意味付けられたことにより、弱っている人たちは「ただただ弱っている」のではなく、「何らかの意味があって弱っている」ことに気付きます。そして、その意味ゆえに自分の不幸を受け入れることができるようになるのです。これも一つのハッピーの形と言えるでしょう。

なお、仏教は不幸に説明を付けるというよりは、考え方一つで不幸もどうにかしようという宗教ですから、坊さんに相談しても、「病気になって不幸？　そりゃ生きていれば病気にもなります」でたぶん終わりです。釈迦も臨終間際に「世の中は移り変るもんで、私の死も些細な変化のひとつに過ぎないのだから、つまらんこと気にしてないで修行しろ」と言っていました。まったく、仏教は幽霊といい不幸といい、全然簡単な解決法を与えてくれませんね。

また、病気やら貧乏やらで弱っている人とは別に、社会的弱者も狙い目と言えます。これは前にも書きましたが、社会的弱者というのは現行の社会システム、社会的価値観においての弱者ということでしたよね？　しかし、現行の社会は絶対ではありません。社会が絶対でない以上、彼らが絶対的に弱者というわけでもないのです。乞食も時と場所によっては聖なる行為と見做されるように、見る角度を変えれば弱者はそのまま強者になりうるのです。現行社会のシステムや価値観から外れた人たちに、別ベクトルでの存在意義を与えるのも宗教の大切な役割でしたよね？　彼らへの「救い」もあなたの大切な使命なのです。

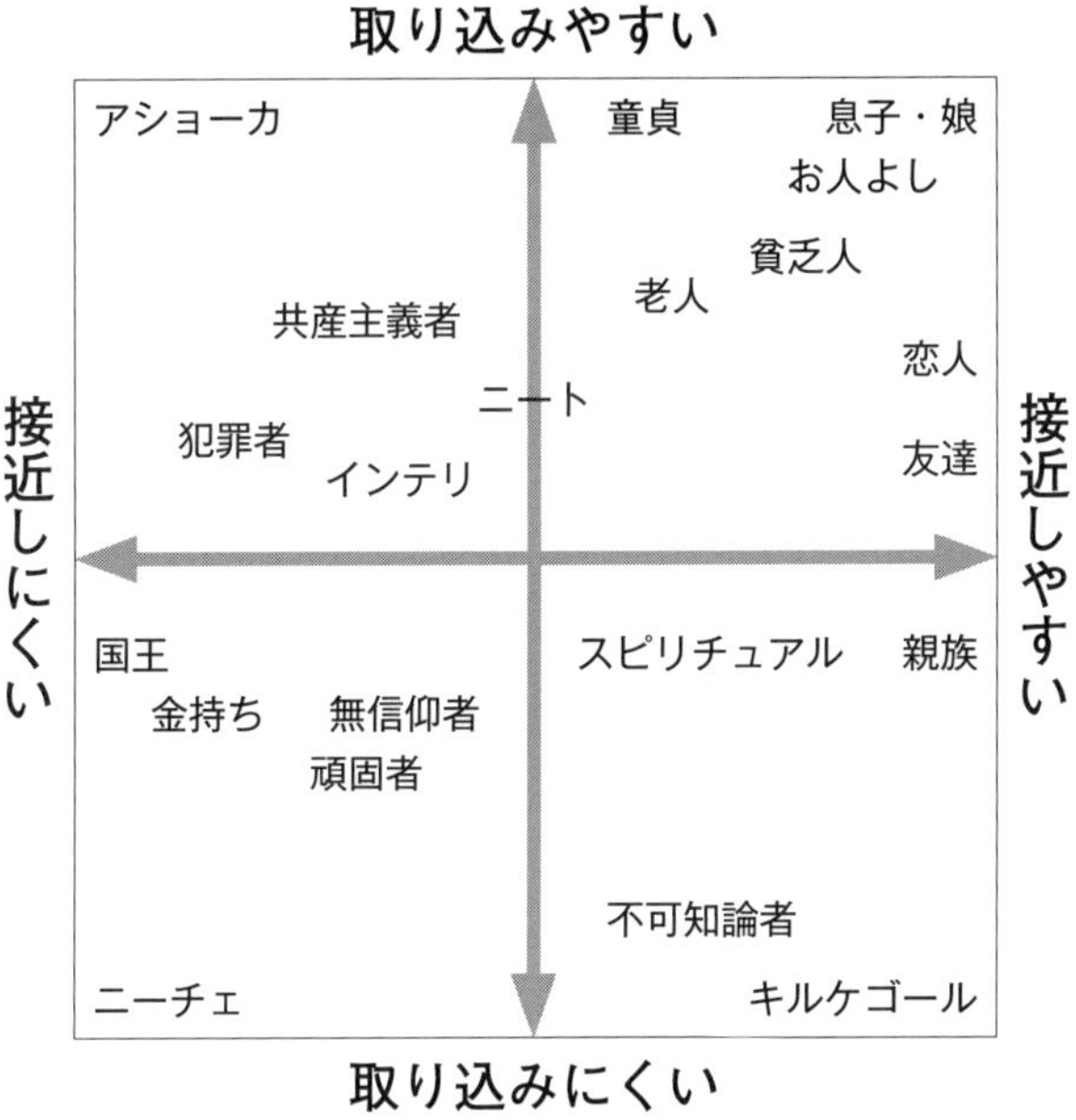
取り込みやすい
アショーカ
童貞
息子・娘
お人よし
貧乏人
老人
共産主義者
恋人
接近しにくい
ニート
接近しやすい
犯罪者
友達
インテリ
国王
スピリチュアル
親族
金持ち
無信仰者
頑固者
不可知論者
ニーチェ
キルケゴール
取り込みにくい

信者の獲得しやすさ

なお、イエスの時代では徴税人や売春婦などが社会的弱者として蔑まれており、彼らのような人たちをイエスが進んで仲間にしたのも前に書いた通りですが、古代ローマの哲学者ケルソスはこれを、「キリスト教は好んで『罪人』とか『無法者』に向かい、彼らは明らかに、単純で無教養な、のろまな人間だけを、そして又奴隷や女子供だけを説得して自分の側につけようとしている」と言って批判しています。社会的弱者に手を差し伸べたイエスの行為も、当時の時代状況にあっては「弱者を騙しているだけ」と取られていたのです。しかし、今の時代にあってはイエスの行為も正当に評価されていますよね？　これは翻っていえば、あなたが死にかけの老人や社会的弱者に対し布教することも、たとえ今は騙しているように見えても、長い目で見れば正義に基づいた立派な行為になるということです。ですから、なんら悪びれることなく、じゃんじゃん布教してください。

そして、現代における社会的弱者を具体的に示すならば、ワープアやフリーター、ニート、派遣社員などを挙げることができるでしょう。また、伝統的な社会的弱者である、罪人、病人、女、子供、障害者、下位カーストなども確実に押さえていきたいですね。彼らのような人たちにこそ、あなたのもたらす救いが必要なのです。

†金持ちを狙おう

前項で、筆者はワープアやニートが狙い目であると書きました。しかし、実際問題、ワープアやニートばかりが増えても教団が潤《うるお》いません。教祖は金ばかりが目的ではありませんが、それはそれとしてお金も人並み以上に欲しいですよね？　物質的に教祖生活をエンジョイするためにも、教団運営資金を潤沢に得るためにも、お金持ちの信者は早めに確保しておきたいところです。釈迦も早々に富裕な商人を信者に加え、経済力をゲットしていたのですから。

では、どのような切り口からお金持ちを攻めれば良いのでしょうか。まず言えることは、お金持ちといっても死ぬのが怖いのは私たち貧乏人と変わらないということです。秦《しん》の始皇帝も中国統一を果たした後、不老不死を求めて徐福《じょふく》に霊薬を探させました。社会的地位や経済力がいくらあっても不死身になれるわけではありませんから、精神的な悩みは死ぬまで消えないのです。となれば、そこで宗教の出番でしょう。

他に、お金持ちが宗教にハマった例としては、インドを統一したアショーカ王が挙げられます。アショーカ王は仏教の守護者として知られる大王で、死ぬ間際に「国土を全部仏教に寄付します」という子孫への嫌がらせみたいな遺言を残したことで有名ですが、彼が熱心な仏法の信奉者となった理由は、カリンガ戦争において人を殺しすぎてしまったからだと言われています。アショーカ王も「インドを統一した大王」と言えば偉大な英雄ですが、しかし、統一までにはバリバリ人を殺しているわけで、そんな人がいざ自分の死を自覚したら、そりゃもう怖いですよね。でも、王様は今まで仏法修行とか全然してませんか
ら救われる道理もありません。しょうがないから金を払うくらいしかないわけです。日本
でも中国でも権力者が寺院を建てるときは、それで個人的な功徳を積もうという考えが少
なからずあったのです。
そして、これは現代社会に置き換えても通用する話でしょう。金持ちや権力者というの
は綺麗事ばかりでなれるものではありません。そんな彼らが、死を自覚した時にかつての
自分の行為を思い返して恐ろしくなったとしても何ら不思議ではないのです。となれば、
彼らには金を払うくらいしかないわけですから、あなたはありがたくそれを受け取れば良
いのです。
言っておきますが、これは別に死にかけの金持ちを騙そうとか、そういうアコギな話で
はありません。あなたは彼らに「心の平安」を与えているのです。彼らは寄付をすればす
るほど安心感を得られるのですから、あなたも彼らのためにお金を受け取ってあげるべき
なのです。ちなみに神社で賽銭箱《さいせんばこ》に小銭を投げ込むのも、「おい、神様。五円やるからオ
レの願いを叶えてくれよ」という話ではありません。あれはお金を捨てることで自身のケ
ガレを祓うことこそが本来の目的なのです。他に、仏教の影響の強いチベットでは、お祭

りの日には乞食にどんどんお金を渡しますが、その時にあからさまなニセ乞食が混じっていても、彼らは気にせずお金を渡すそうです。「ニセ乞食たちがウソをつくのは彼らの問題だが、お金を渡す私の行為自体の功徳は変わらないから」と考えているためです。

つまるところ、宗教的寄付というものの本質は「自分のために行うもの」なのです。だから、あなたもむしろ奉仕の気持ちでお金を受け取るべきでしょう。お金はうんこのようなもので、教祖は便器のようなものなのです。

【コラム】お金を巻き上げる宗教

多額の寄付を強要するような宗教の話を聞くと、「うわあ、なんて酷い宗教なんだ」「きっとあくどい宗教に違いない」と、私たちは反射的に思ってしまいます。まあ、実際、あくどいところも多いのかと思いますが（悪徳宗教の基本戦術として、新規信者に早めに多額のお金を寄付させる、というものがあったりします）、しかし、善し悪しは別として、宗教団体が多額のお金を寄付させることには、一応それなりの道理は通っていたりします。

現代の資本主義社会ではお金を持つことの意味が過剰に評価されている節があることは否めません。そして、その結果として、経済力の低い者たちは「負け組」と呼ばれ、社会的に低い立場とされている面も否定できません。ですが、お金を持つことは、本来、ハッピーになるための一つの手段でしかなく、それが目的になるはずがないものなのです。極論すると、お金が全然なくて路上生活をしている人でも、本人がハッピーならば間違いなく彼はハッピーなのです。ハッピーかどうかなんて本人だけの問題ですからね。

ですが、現代日本ではお金のない人が「それでもオレはハッピー」と自覚することは難易度が高い状況です。「お金がなければアンハッピー」という価値観が社会に行き渡っているからです。では、そういった価値観を持つ社会の中で、低所得者がハッピーになるにはどうすれば良いのでしょうか？　「お金がなければアンハッピー」という価値観を捨てれば良いのですね。じゃあ、どうやってそれを捨てるか。お金を捨てれば良いのです。「私は自分からお金をポイッと手放しますよー」「なぜなら、私にはお金は大した意味を持たないからですよー」「だから、私はお金がないけど幸せですよー」。ま、こんな論理ですね。

たとえば、ある宗教団体で、低所得者が「今年はお金がなくて生活が苦しいから寄付はしたくない」と言い、幹部が「いや、苦しい時にこそ寄付をするんだ」と言ったとしましょう。パッと聞いた感じでは、これは本当にロクでもない宗教ですよね。貧乏人からまでお金を取り上げるな、と。

しかし、実際のところ、低所得者が「生活が苦しい」と言っているのは、おそらく「豊かな物質生活を送るだけの余裕がない」くらいの意味合いでしょう（明日のメシも食えないくらい厳しい場合は話は全然別ですが）。その場合であれば、彼は「豊かな物質生活」に価値を見出しているからこそ、それを満足に送れないことをアンハッピーと捉えているわけです。それなら、ハッピーになるためには、苦しい時にこそ教団にお金を渡して、「豊かな物質生活なんてどうでもいいぜ！」「そんなことより教団の教えに従う方がハッピーだぜ！」という価値観へと自分を変えることが、確かに一つの手段となるわけです。

というわけで、お金を巻き上げることでも信者をハッピーにすることは確かに可能なわけです。ただし、筆者は別にこれが良い方法だと言っているわけでもありません。本人はハッピーでも、少なくとも家族はアンハッピーだと思いますし……。

†親族を勧誘しよう

　ところで、勧誘といえば確実に押さえておきたいのがあなたの親族です。ムハンマドもゾロアスターも最初の信者は身内でした。特にムハンマドの最初の信者である彼の妻は、経済的にも精神的にも良く彼を助けました。親族は普段から親しい間柄である分、信者になってからも厚い協力が期待できるというものです。

　しかし、親族を仲間にすることの重要性はそういったメリットにだけあるわけではありません。むしろ、仲間にしなかった時のデメリットの方が大きいのです。想像して下さい。あなたが突然、新興宗教の教祖を始めたら、あなたのお父さん、お母さん、兄弟、姉妹たちはどう思うでしょうか？　きっとあなたがおかしくなったと思い心配し始めるはずです。あなたが信者を集めて熱い説教をしている時に家族が現れ、「おかしなことやってないで早くおうちに帰って来なさい！」などと言い始めたら大変ですよね。熱い気持ちになっていた信者たちも、ハッと我に返ってしまうでしょう。そういう悲劇を未然に防ぐためにも、親族は早めに仲間に引き入れておきたいものです。

　というのも、これは実際にイエスの身に振りかかった悲劇なのです。イエスの母と言えば、皆さんご存じの通り聖母マリアですが、しかし、そんなマリアさまも人として見ればイエスのお母さんです。息子がいきなり新興宗教を始めたらお母さんがびっくりするのは現代も二千年前も変わりありません。イエスが弟子と集会を開いていると聞いて、マリアは息子を連れ戻しに家族で向かったりもしたのです。あのスーパースター、イエスでさえも、「新興宗教をやってたらお母さんに心配される」という親近感溢れる体験をしているのです。

なお、イエスはその際に「家族とは誰か？　ここにいる神の御心を行う人たちこそ家族である」と言って、このピンチを切り抜けています。要するに、「お前らなんか家族じゃないやい」「ここにいるみんながオレの本当の家族なんだい」と言ったわけです。なんだかひどい話ですね。まあ、これはこれでキリスト教徒からすれば色々と肯定的な解釈もできるのですが、少なくともあなたが同じことを言うと、たぶんお母さんは泣くと思います。

また、問題は家族だけではありません。あなたの地元の人たちも同様です。あなたがどんなに良いことを言っていても、近所の人たちは「八百屋の小倅《こせがれ》が何を言ってやがる」などとあなたのことを侮るでしょう。イエスもこう言っています。「預言者が敬われないのは、自分の故郷、親戚や家族の間だけである」と。やはりイエスも故郷のナザレでは、「大工の小倅が何を言ってやがる」と思われ、そのカリスマ性を発揮できなかったのです。お母さんに心配された件もですが、イエスはあれで意外と親近感持てる人ですよね。

では、あなたは郷里において、どのように布教すれば良いのでしょうか？　イエスは「ナザレはダメだな」と思い、さっさと郷里を離れました。あなたも地元にこだわってないで、誰もあなたのことを知らない新天地で伝道するというのが一つの手です。

また、別の手段としてはムハンマドのやり方が参考になります。彼が「わしは神でもないし天使でもない、めしを食い、市場を歩き回るただの人間にすぎない」と言ったのは前述の通りですが、このように、自分は神の化身や完成された人間ではなく、あくまで神の代弁者に過ぎない、自分自身はただの人間である、という設定にするのも良い解決法です。こうすれば地元民から、「ただの商人が何を言ってやがる」と言われても、「オレもそう思うけど、だって神がオレに伝えてきたんだもん！」と言い返せますよね。

イエスとムハンマドを紹介したので、ついでに釈迦のやり方も紹介しておきましょう。釈迦のやり方はある意味で最も硬派と言えるかもしれません。彼はまず家族と故郷の全てを捨てたのです。そして、修行を重ね、見事に悟りをひらいてから故郷へ凱旋。地元で説教したところ、なんと家族の方から「頼むから弟子にしてくれ」と言ってきたのです。釈迦は若い頃はうつ病でしたし、家族も釈迦のそんなヤング時代をもちろん知っていたでしょうが、そんなことは問題にならないくらい説教が素晴らしかったということでしょう。

†人々の家を回ろう

これまでは優先すべき布教対象を説明してきましたが、もちろん布教対象の絶対数を増やすことも重要です。あなたの教団に信者が増え、労働力にゆとりが出てきたなら、あなたは信者を動員して戸別勧誘を行うべきでしょう。あなたの家にも一度や二度は宗教の勧誘が来たことがあると思いますが、あれをあなたもやるべきなのです。

「でも、確かにウチに来たことあるけれど、あれで心動かされた覚えはないなあ。戸別訪問なんて無意味ではなかろうか」

と、あなたは感じているかもしれません。しかし、その時にあなたが心動かされなかったのは、あなたがその時に宗教を必要としていなかったからに過ぎませんし、皆が皆あなたのように毎日のほほんと暮らしているわけでもないのです。宗教的救済を必要としている迷える子羊だって確実にいます。そして、彼らが自発的に宗教を選択し、入信するまで、あなたはただ座して待つ必要などないのです。

それに、もし、その時のあなたが何ら心動かされなかったとしても、あなたがその宗教を認識したことに違いはありません。そうです。今は宗教が必要なくっても、将来まで不要かどうかなんて分からないのです。

さて、ここで尿漏れ薬のことを考えてみて下さい。テレビで盛んに尿漏れ薬のコマーシャルをやっていても、若く元気な頃はさして関心も示しませんよね？　そのメーカーと商品名を知っていても、ただそれだけのことです。ですが、加齢や出産により骨盤底筋が緩み、いざ尿漏れに直面した時はどうでしょう？　そう、その時にこそコマーシャルが活きるのです。まず、あなたは自分の尿漏れが薬で改善できることを知っています。そして、コマーシャルで宣伝していた製品が一種類しかなく、あなたがその製品しか知らなかったならば、あなたが薬局で選ぶ薬はきっとその製品であることでしょう。つまり、尿漏れ薬の宣伝は、現に尿漏れに悩んでいる人だけでなく、潜在的に尿漏れになるかもしれない人たち全てを対象にしていると言えるのです。

同じことが宗教勧誘についても言えます。宗教勧誘が対象とするのは今困っているあなたではなく、将来困るかもしれないあなたなのです。そして、あなたがいざ困ったとき、あなたは宗教に頼るという選択肢を知っており、さらに、あなたの家を訪れた教団が一つしかなかった場合、あなたはまずそこを思い返す可能性が高いと言うことです。このように考えれば、一見無意味とも思える戸別訪問にも意味があることが分かると思います。

また、手当たり次第に布教をしていると、自分の宗教のどういうところは一般人にも受け入れられて、逆にどういうところは拒否されるのか、それも分かってくることでしょう。

もちろん、一般人に拒否されるからといってぽんぽんと教義を変えてしまうのもどうかと思いますが、特定の教義があまりに反発を受けている場合は、そこにこだわり続けるのも考え物です。

たとえば、キリスト教は本来はユダヤ教の改革運動であったため、基本はユダヤ教ベースでした。そのため、キリスト教を異邦人に布教する際には、彼ら新規加入者にユダヤ教のルール、つまり、律法を守らせるかどうかが問題となったのです。特に問題だったのが、ちんこです。皆さんもご存じの通りユダヤ教には割礼というルールがあり、つまり、ちんこの皮を切ることが義務とされていました。ユダヤ人はみんな割礼済みですから、彼らに布教する場合は問題ないとしても、異邦人に布教する際は問題です。ちんこの皮を切るとか怖いですからね。それで異邦人がビビって布教が進まないという面もあったようです。

そこで、パウロはエルサレムでペテロたちと会議しました。パウロとペテロの二人はご存じでしょうか？　原始キリスト教のビッグネームです。ペテロは十二使徒のリーダーで、パウロはキリスト教徒を迫害してたら目からウロコが落ちて回心した人ですね。それで、ペテロはユダヤ教の伝統を重んじる立場であり、一方、パウロは比較的自由な態度を取る立場で異教徒への布教を行っていました。

そして、この会議では結局、「異邦人は割礼しなくてもいいよ」ということで決着がつきます。その後、ユダヤ教の伝統を重んじるペテロの系譜はユダヤ戦争に巻き込まれて壊滅してしまい、比較的自由な態度のパウロの系譜だけが生き残りました。そのため、現在のキリスト教徒はちんこの皮を切らなくても良いのです。

当時、ギリシア人やローマ人は割礼を野蛮な風習だと考えて忌み嫌っていました。もし、キリスト教が割礼にこだわっていたら、もしかすると異邦人を引き込むこともできず、ローマで国教化されることもなく、あのまま迫害されて消えていったかもしれませんね。ユダヤ教の伝統を覆すことになってしまいましたが、結果的に見ればパウロの判断はナイスだったと言えるでしょう。あなたも大宗教を目指すのであれば、自分の教義にこだわるばかりでなく、外部の反応を参考に、時には柔軟に対処すべきかもしれません。

†コミュニティを作ろう

宗教をやっていく上ではイベントを開くことも重要です。信者全員が集まるような大規模なイベントばかりでなく、気軽に行える小さなイベントも定期的に行っていきましょう。週に一度か月に一度くらいは勉強会なり座談会なりお祈り会なりを開いて信者を集めることをオススメします。大したことはしなくて構いませんが、その代わり、必ず定期的に、できれば地区単位で行って下さい。というのは、これにはコミュニティ的な意味合いがあるからです。「コミュニティ」というと何やら難しそうな感じですが、要するに「ご近所に知り合いができる」くらいの意味合いです。

実際のところ、宗教においてコミュニティ性は重要な要素です。教義に感動して入信する人もいるでしょう。精神的な救いを求めて入信する人もいるでしょう。ですが、信者同士のコミュニティに惹かれて入信する人だっているのです。新しいコミュニティに入れば、新しい知り合いや友達ができます。しかも、彼らは同じ価値観や目的を共有しているわけですから、当然話が合います。仲間意識も生まれます。そして、会合が地域密着型なら、できる知り合いはもちろんご近所さんです。「遠くの親戚より近くの他人」という言葉もありますよね？　近所付き合いが希薄になってきた昨今、宗教という同じ価値観で結びつき、連帯感を持つ人たちが身近にいてくれるというのは、なかなかに頼もしいことではないでしょうか？

そんな日本における伝統的な宗教コミュニティを挙げるなら、たとえば浄土真宗の「講《こう》」が挙げられます。講には色々な意味合いがありますが、この場合は信者同士による「地域の寄り合い」とでも考えておいて下さい。それで、浄土真宗の講では、みんなで坊さんの話を聞いたりもするのですが、持ち寄ったお菓子を食ったり酒を飲んだり、おしゃべりをしたりといった時間もあるのです。現代でも地域によっては講が残っているところもありますが、宗教的行為の後の宴会の方がむしろメインだったり、という話も聞きます。つまり、集まって宗教的行為をしてハイ終わり、だけでも教団的には用を済ませることは可能ですが、そこはいかんせん、みんな人間ですから、ご近所同士で仲を深めるといった人間臭い面も持ち込む方がベターということです。

ちなみに創価学会も月イチで座談会を行っていますが、この宗教はかつては農村から都会に出稼ぎにやってきた頼るもののない青年たちを吸収して成長したと言われています。都会に来た彼らには加われるコミュニティがなく、さぞ不安だったことでしょう。創価学会はそこにコミュニティを用意してあげたわけですね。これを弱者救済と取るか、弱者をたぶらかしたと取るかは人それぞれでしょう。

それで、創価学会の座談会では、宗教的な話し合いなどを行った後で、茶菓子や軽食などが振舞われ、小一時間ほど信徒同士で世間話をしたりといった光景も見られます。こうすると、当然ご近所同士で仲良くなれるわけですから、そのコミュニティは強化されるわけですね。単純に考えて地方から出てきて他に身寄りがいない時に、アットホームに迎えてくれる集団があればそれは居心地が良いことでしょう。こういった側面も、創価学会の成長を考える上で無視できない一因と言えます。創価学会はコミュニティ性が強いのです。

宗教のコミュニティ性という意味で、日本宗教のイベントをもう一つ挙げるなら、神道の「直会《なおらい》」を挙げることができます。神道では祭りにおいて神にごはんを捧げますが、祭りが終わった後で、参加者みんなでそのごはんを食べるのです。これを直会といいます。祭りの後で、神に捧げた物をみんなで食べると言えば、打ち上げや宴会の類のような気がするでしょうが、どっこい、これもれっきとした神事です。神に捧げたごはんを一緒に食べるわけですから、これには「神様と一緒に宴会して、神様とも仲良くなっちゃおう！」という意味があるのです。こういった日本の神の気安さ、人間臭さは、人間と懸け離れて存在している一神教の神と比較すると興味深いところですが、まあ、それはさておき、神と一緒に宴会する際には、もちろん、人間同士も宴会してるわけですから、人間同士も仲良くなれて、コミュニティが強化されるわけですね。

【コラム】いろんな宗教のコミュニティ

コミュニティに関し、海外の宗教の例を挙げるなら、すぐに思いつくのがキリスト教の日曜礼拝でしょう。決まった日に近所の人々がその地区の教会に集まるわけですから、ここでコミュニティ性が生まれるわけです。キリスト教の教義的には、わざわざ集まって礼拝する必要も本来ありませんが、しかし、そうは言っても人間ですから、こうやって皆で集まって顔を合わせてお祈りする機会があった方が、組織としても個人の信仰としても、巧く回るというわけです。

また、ユダヤ教を見てみますと、彼らにはシナゴーグという教会があります。ユダヤ人は安息日にシナゴーグに集まって聖書の朗読や研究をしたり、時には祝祭の行事やバザーなどを行ったりして彼らのコミュニティを保っています。元々、シナゴーグはバビロン捕囚に遭ったユダヤ人たちが、異国の地で信仰生活を続けるために誰かの家で集会を開いていたことに起源がありました。つまり、その発生からして、ユダヤ人コミュニティを固めるための物だったと言えるでしょう。離散(ディアスポラ)後のユダヤ人たちが、どこの地にあっても自分たちの信仰とアイデンティティーを保っていられたのも、シナゴーグによるコミュニティ性の強化によるものが大きかったと思われます。……まあ、どこの地でも信仰とアイデンティティーを確立していたがために、周りに馴染めず迫害されたとも言えるのですが。

そして、イスラム教を見てみますと、こちらにはモスクと呼ばれる礼拝堂(集会場)があります。イスラム教では一日五回の礼拝は、「家で一人でやってもいいけど、みんなで集まってやった方がベターだよ」「少なくとも週に一度、金曜はみんなで集まってやろうね」とされています。その決まりに従ってみんなが集まったところがモスク（集会場）になったわけです。ですので、モスクは「集まって礼拝をする場所」であり、修行施設でも神を祭る場所でもありません。

ちなみに、イスラム教の金曜の合同礼拝はキリスト教の日曜礼拝と違い、コーラン六二章「集会」にはっきりと「集まりなさい」と書かれていますから、イスラム教は当初からコミュニティ志向の強い宗教であったと言えるでしょう。「集会」はムハンマドがメッカで迫害され、新天地のメディナに来た頃に下った啓示ですので、新しい地で新しい信者たちとコミュニティを築かなければならなかった頃のイスラム教の状況を反映しているのかもしれません。

【コラム】イベントを開こう

勉強会や座談会などの小さなイベントを開いてコミュニティを強化するのと同時に、時には大きなイベントを開いて、あなたの組織力を見せ付けてやりましょう。単純に考えて、信者がたくさん集まるだけでも、信者たちに「うちの教祖はこんなに尊敬されているのか」「うちの宗教はこんなに同胞がいるのか」という気持ちを与えることができます。信仰なんてものは普段は目に見えないものですが、このような形で視覚化することは可能なのです。

ただし、イベントを開くといっても、ただ人を集めて馬鹿騒ぎすれば良いというものではありません。宗教は「日常からの飛躍」が大切なのです。たとえばクリスマスはすっかり日本の風物詩として私たちの日常に溶け込んでいますが、クリスマスを迎えたからって特に神聖な気持ちにはなりませんよね？　それはクリスマスが既に日常化しているからです。あなたの行うイベントは「日常から飛躍」していなければなりません。

そのための手段の一つとしては、イベントのために物々しい準備を行うことが挙げられます。たとえば神道では、神主は神事の前に「斎戒《さいかい》」といって身を浄めるための一定の期間を設けます。この間は白い綺麗な服を着たり、沐浴《もくよく》をしたりする他、病人を見舞わない、ニンニクを食べない、音楽を聴かない等、いろいろな禁止事項を守って生活するのですが、こういった「普通じゃない」ことを行うことによって、そのイベントが「日常のものではありませんよ」とアピールするのです。「病人を見舞わない」なんて、普通に考えたらただの薄情者ですよね。しかし、あえて世俗とは異なるそのような論理を用いることで、「世俗とは異なるものなんですよ」という点を強調しているのです。

そして、この斎戒期間は大嘗祭《おおなめまつり》などのビッグイベントであれば実に一カ月にも及ぶのです。これを考えてみますと、信仰的には「一カ月もの間、身を浄めなければならない程の大事なイベント」なわけですが、しかし、信仰を抜きにして考えるならば、逆に「一カ月もの間、身を浄めるからビッグイベント」と見ることもできるわけです。大事なイベントだから大層な準備をするのではなく、大層な準備をするから大事なイベントになる、という見方ですね。まあ、ちょっと意地悪な見方ではありますが、実際に、神道の祭りでは斎戒期間の長さによってイベントの軽重が付けられている面もあるのです。

†宗教建築をしよう

教団運営に余裕が出てきたら、次に行いたいのが宗教建築です。多くの宗教団体はデカくてきらびやかな本部を持っているものですが、あなたも、そのひそみに倣って異彩を放つ巨大建造物を作り、周辺住民を圧倒してやるのです。

ただ、これも単に巨大な建造物を建てれば良いというものではありません。大切なのは「日常からの飛躍」を感じさせることです。ですので、あなたの建築物に一歩入るなり、「ここは浮世とは違う別世界だ！」という感覚を与えるようにしたいところです。といっても、これでは抽象的過ぎてよく分からないと思うので具体例を挙げますと、ディズニーランドです。東京ディズニーランドをイメージして造って下さい。

というのも、ディズニーランドに行ったことのある方なら分かると思いますが、あれはまったくの異空間です。普段の生活空間から隔絶された、一つのテリトリーとして存在しています。どのくらい異空間かと言うと、あの空間では成人男性であろうと四十過ぎの中年女性であろうと、ミッキーのカチューシャを憚《はばか》りなく頭に装着できる程です。あんな恥ずかしいもの、とても新宿や池袋では着けられませんよね？　それが可能なのは、ディズニーランドが外部世界と一線を画する別の価値観を持っているから、つまり、「別世界」であるからです。だから私たちは、ディズニーランドの最寄り駅である舞浜駅まで帰ってくると、そこが既に「いつもの世界」であることに気付き、恥ずかしくなって慌てて頭のカチューシャを取るわけです。

そして、これは筆者の私見ですが、日本において最も東京ディズニーランドに近い宗教建築は伊勢神宮《いせじんぐう》です。西行法師《さいぎょうほうし》は伊勢神宮を訪れた際に次のような歌を詠んでいます。

「何事のおはしますをば知らねども　かたじけなさの涙こぼるる」

つまり、「一体ここにどんな神がいるのかは知らないが、とにかくありがたい気がして涙が出てくる」という意味ですね。「おいおい、西行法師も適当だなあ」と思うかもしれませんが、ここにこそ重要な意味が隠されているのです。そう、少なくとも西行法師にとって、伊勢神宮は「問答無用で聖なる空間」だったということです。そこにどんな神がいるとか、どんなありがたいことがあるとか、そんなことには関係なく、とにかくそこにいるだけで涙がこぼれてしまう程に、伊勢神宮は「別世界」だったのです。ディズニーランドだって、行ったら問答無用でウキウキしてきますよね？　つまり、それと同じことです。西行法師だってディズニーランドに行ったら、何があるのか知らなくても、とにかくウキウキしてカチューシャをかぶったに違いありません。

実際、ディズニーランドと伊勢神宮はそのありようもよく似ています。両者ともその地域一帯を挙げてコミットしており、最寄り駅に下りた瞬間から両者の存在感をひしひしと感じます。また、ディズニーランドが西洋風の街並みを再現することで来場者を別世界へと導くように、伊勢神宮も見渡す限り林立する大木と巨大な大鳥居で来場者を否応なく別世界へと誘うのです。伊勢神宮の「オレは別世界に来てしまった！」という感覚は、まさにディズニーランドのそれ。伊勢神宮には別に楽しいアトラクションがあるわけではありませんが、この感覚だけで十分にエンターテインメントとして成立しうる力があるのです。うっかり西行法師が泣いちゃう気持ちも、伊勢神宮に行った経験がある人なら分からなくもないと思います。なお、かつて江戸時代には、人々はしばしば熱狂的にお伊勢参りを行ったと聞きますが、当時としてはおそらくディズニーランドへ行くような感覚だったのではないでしょうか。

というわけで、あなたも教団本部を作る際は、ディズニーランドや伊勢神宮のような「一歩入るだけで別世界」のニュアンスを出せるよう頑張って下さい。この「別世界」感覚があれば、それだけで日常からの飛躍が狙えます。また、この時の「別世界」感覚は、ディズニーランドであれば「ワクワクする気持ち」に繋がるでしょうし、宗教施設であれば「神聖な気持ち」に繋がるはずです。信者たちは教団本部に出入りするたびに神聖な気持ちを抱き、さらにはその施設での活動や、その施設を作った教団にまで神聖さを感じることでしょう。

〈チェックリスト〉

□社会的弱者を獲得したか？
□金持ちは獲得したか？
□親族を仲間に引き込んだか？
□戸別訪問は実践したか？
□魅力的なコミュニティは作ったか？
□イベントは定期的に行っているか？
□宗教建築は行ったか？

第六章

困難に打ち克とう

教団運営は決して楽しいばかりのものではありません。皆さんには本書『完全教祖マニュアル』があるのでまだマシですが、それでも教団が軌道に乗るまでは人材面でも経済面でも苦労の絶えないことと思います。また、軌道に乗ったとしても、内部で異端が誕生したり、教団分裂の危機が起こったり、外部からの迫害に見舞われたりするかもしれません。

しかし、多くの伝統宗教もそれらは全て経験済みなのです。つまり、言い換えれば、困難に直面した時の具体的な対処法は、全て歴史から学べるということです。本章では、宗教をやっていく上で避けることのできない諸問題に対し、いくつかのヒントを提示します。これを参考にすれば、あなたもきっと困難に打ち克つことができるでしょう！

†他教をこきおろそう

あなたの直面する困難の一つは、やはり信者獲得に関するものでしょう。そして、新規信者の獲得は他教団との奪い合いという面も否定できません。「オレは釈迦の言ってることも信じるし、イエスの言うことだって信じる」という態度を取るのは難しいものです。一人の人間に二つの宗教は信じられないのであれば、これはもう奪い合いの様相を呈するのも仕方のないことですね。

では、いかにして他教団との獲得競争を制するかですが、ここで他教団との違いを明確にするためにも他教の悪口を言うことが大切になってきます。相手の弱点を突き、自分たちを称揚することで、どちらに入ろうか迷っている人を引き込むのです。また、相手教団の信者も真に受けて鞍替えしてくれるかもしれません。それに実際のところ、多くの伝統宗教も他の宗教に対するアンチの姿勢、言ってみれば、他宗教への悪口が重要なポイントとなっているのです。

それは鎌倉仏教の例を見るだけでも明らかです。たとえば浄土宗の法然は全ての人々を救うベストな方法は念仏（南無阿弥陀仏）であると信じ、当時、比叡山で重要視されていた法華経に対しては、「あんな難しいもの読むな」と言い捨てました。つまり、法華経を第一とする比叡山のメソッドでは全ての人々を救えない、と考えたわけです。これは当時の権威であった比叡山に対するアンチの姿勢と言っても良いでしょう。しかし、法然や弟子の親鸞により念仏がブームになると、今度は逆に日蓮が現れて、「念仏なんか唱えてると無間地獄に堕ちるぞ」「法華経に帰依しろ」と言い始めるのです。

法然にしろ日蓮にしろ過激なことですが、これは要するに、ある思想がマジョリティになり権威になると、それでは救われない人、不幸になる人、不都合なこと等が出てくるので、それに対処するために新しい思想が生まれてくる、という話です。であるならば、新しく生まれた思想がマジョリティを批判するのは当然の流れですよね？ 現に念仏がブームになっていた当時は、法華経を川に流したり、地蔵の頭をすりつぶしたりする浄土教信者までいたそうですから、そういった蛮行を目にすれば、日蓮が「念仏無間！」と言いたくなる気持ちも分からなくはありません。律法に縛られたユダヤ教に対するキリスト教、カーストに縛られたバラモン教に対する仏教などもこの文脈で見ることができます。悪い言い方をすれば、既存宗教や既存の価値観への「悪口」が新興宗教をスタートする原動力となっているのです。

ですから、あなたも他教をこきおろすことで、他教との違いを明確にし、かつ、他教の提示する価値観では救われない人たちを取り込むことができるわけです。手っ取り早く信者を増やしたいのであれば、巨大宗教団体に嚙み付くのが一つの手段と言えるでしょう。

†他教を認めよう

しかし、このような他教をこきおろす方法には、メリットもありますがデメリットもあります。これをやると確実に敵が増えちゃうのです。法然や親鸞も伝統的な仏教信者から攻撃を受けましたし、日蓮も念仏信者から攻撃を受けました。キリスト教もユダヤ教に攻撃されて教祖のイエスが刑死したわけですし、創価学会も昔は他宗派、他宗教を攻撃していましたが、今ではキツイ批判に晒《さら》されています。誰かを敵に回せば、その分、自分も攻撃されるのです。当たり前ですね。

それに文化相対主義が広まってきた現代の感覚では、他宗教の悪口など言っている教団は、排他主義に凝り固まった「古臭い宗教」と思われる恐れがあります。他教をこきおろすことは、現代の感覚では「カッコ悪い」のです。こういった時代の流れを受けてか、あれだけ攻撃的だった創価学会も最近では、「攻撃されない限り手を出さない」というスタイルに変化しました。

また、「他宗教との対話？ ハァ？ オレたちが世界の真理なのに、なんでそんなことしなきゃいけないの？？」と真顔で言っていた、あのカトリックでさえも、最近ではやや態度を軟化させ、「まあ、他宗教のやつらも今は遠回りしてるけど、いずれはイエス・キリストの名に出会うよね。あいつらも実はキリスト者だよね」と、なんだかすごい論理を踏まえてですが、ようやく他宗教との対話を始めたのです。ものすごい上から目線なのは変わりませんが、とにかくあのカトリックでさえ今はこうなのです。時流は共存と寛容なのです。他宗教の悪口は今時流行《はや》らないのです。

ですので、場合によっては、こきおろすのではなく、逆の方法を取ることも一つの手段となるかもしれません。そう、逆に他教を認めてやるのです。他教の存在を認め、その存在を自分たちの教理の中に取り込んでしまえば良いのです。

たとえば、イスラム教といえば、キリスト教と仲が悪かったり、排他的で攻撃的なイメージが強いかもしれませんが、実際はどちらかといえば寛容な部類の宗教だったりします。現にキリスト教のイエスも、イスラム教においては預言者の一人と考えられて、それなりのリスペクトを受けています。キリスト教が言うように「神の子」とまでは崇めませんが、そ「ムハンマドほどじゃないけど、あいつも立派な預言者だよね」と、格は下げつつも、そもれでも偉人として扱っているのです。キリスト教やユダヤ教の存在も認めながら、それでも「オレたちが一番偉い」と言っているのがイスラム教なのです。そして、ともかくも一応はその存在を認めているわけですから、イスラム教徒はキリスト教徒だからといって問答無用で殺したり奪ったりといったことはあんまりやりませんでした。代わりに重い税金は取りましたが、それでも当時の宗教の中では比較的寛容な対処をしていたわけです。

なお、イスラム教を背景として成立したバハイ教にも同じような傾向があり、バハイ教ではキリスト教、ユダヤ教、イスラム教はもちろん、仏教、ゾロアスター教、ヒンドゥー教なども偉大な教えであると認め、人類はそれらの宗教の段階を経て、今はバハイ教の時代に来ていると考えます。「それぞれの時代においては、それらの教えはどれも正しかったが、いま従うべき指導者はバハイ教の教祖である」ということですね。ちなみにバハイ教では未来に関しても、「いずれは次の預言者が神から遣わされる」「その時はそれぞれが己の理性で判断して、次の指導者に従わなければならない」と認識しているようで、自分のところの教祖さえも「以前にも同じ格の人はいたし、これからも同じ格の人が現れるが、とりあえず今はうちの教祖の時代」として相対化している辺りなかなか徹底しています。

このように、イスラム教やバハイ教のようなアイデアを用いれば、排他的との誹《そし》りを受けることもなく、むしろ他教に寛容なイメージを与えることができるでしょう。また、この方法は、他宗教の信者を説得する際にも有利です。「お前の宗教は間違っている！」と言えば、ムキになって反論したくなるのが人情ですが、「あなたの宗教は立派ですよね。ところで、私の宗教の話も聞いて下さい」であれば、話くらいは聞いてやろう、となるのも、また人情ですよね。

しかし、イスラム教やバハイ教の方法であれ、結局のところ、他の宗教の文脈を用いて自己の宗教を権威付けしているわけですから、悪い言い方をすれば他教を利用しているとも言えます。実際、キリスト教徒からすれば、「ムハンマドはイエスの後に出てきて余計なものを付け加えたやつ」と思っているかもしれませんし、そのイスラム教徒からしても、「バハイ教はムハンマドの後に出てきて余計なものを付け加えたやつ」と思っているわけです。現にキリスト教徒は十字軍などで知られるようにイスラム教への敵愾心《てきがいしん》を持っていましたし、バハイ教もイスラム教の強いイランやエジプトでは今でも迫害に遭っています。そう考えれば、認めることもこきおろすことも表裏一体と言えるのかもしれません。

しかし、それでも排他主義よりも他教を認める方が、第三者視点から見れば平和的であることに間違いはありません。あなたはこれらのリスク&リターンを考慮して、こきおろすか認めるか、どちらかの方法を選択するべきでしょう。

†異端を追放しよう

これまで本書では、信者たちにハッピーを与える思想や、教団組織を固める方法を説明してきました。互いを慈《いつく》しみ、共同して目標に当たる健やかな共同体をあなたも夢想していることでしょう。しかし、現実はそう甘いものではありません。信者の中には教団の和を乱す者も出てくるでしょう。たとえ彼に悪意がなくとも、教えを独自解釈したり、誤解したまま頑《かたく》なに譲ろうとしないかもしれません。いわゆる「異端」というやつですね。では、そのような異端が現れた時、あなたはどのようにこれに対処すれば良いのでしょうか？　ここでは異端に対する対処法を、歴史的事実から学んでいくことにしましょう。

さて、異端の追放とくれば、ここはやはりキリスト教の出番ですね。キリスト教といえば異端追放、異端追放といえばキリスト教です。まあ、実際はどの宗教であれ、多かれ少なかれ異端追放は行われているわけですが、とりわけキリスト教の異端追放に対するイメージは確たるものがありますからね。ここは異端追放の大先輩であるキリスト教から、実際の異端追放のありようを学んでいくことにしましょう。

キリスト教においては、特に初期から中期にかけての教理確定において、多くの異端が生まれ、追放されてきました。そこで、まずは三位一体《さんみいったい》について見ていきましょう。この「三位一体」という言葉は有名ですが、しかし、これがどういうものなのか。キリスト教徒でもない限り、理解している人はあまり多くないと思われます。なぜ理解されてないかというと、別に理解してなくても何も困らないからですね。ここはちょっと重要なところですが、とりあえず先に進みます。

それで三位一体ですが、これは簡単に言いますと「父と子と聖霊が三つセットで神なんですよ」という、まあそういうことです。父というのが一般にイメージするキリスト教の神で、子はイエス・キリストのこと、聖霊ってのはよく分からない代物ですが、そこらへんに満ちてるらしいので空気みたいなもんだと思っておいて下さい。もし、あなたが突然イエスのことを信じられるようになったら、その時はこの聖霊が働いたというわけです。父と子と聖霊、この三つセットが「神」なんですね。

しかし、父と子と聖霊がセットで神だと言われても、やっぱりよく分からないと思います。「なんで三つなのに一つなんだよ」と。そういう人は三角形をイメージしてみて下さい。キリスト教の神様は三角形なのです。父と子と聖霊がそれぞれ三角形の一辺に当たりますが、辺は三つあっても、三角形それ自体は一つですよね。この一つだけの三角形がキリスト教の神ということです。どうでしょう？　これならちょっと理解できる気がしませんか？　しかし、するとあなたは次にこのように考えるかもしれません。

「そうか、分かったぞ！　オレは息子の前では父だが、オヤジの前では子でもある。そして、会社にいけば部長だ。オレという人間は一人だが、オレは父でもあり子でもあり部長でもある。つまり、そういうことなんだな！」

なるほど。確かにそう考えると三位一体も非常に分かりやすいですね。ですが、残念ながらそれは異端なのです。「サベリウス主義」といって三世紀に早くも異端とされています。「えっ、そんなー！　こう考えた方が分かりやすいじゃん！」と思うかもしれませんが、それはおそらく当時のサベリウス主義の皆さんもそう思っていたはずです。とにかく異端ですから、諦めて追放されて下さい。世の中そういうものです。

　では次に三位一体の一つであるイエスについて見ていきましょう。正統思想によると、イエスは「完全なる神」であり、同時に「完全なる人間」ということになっています。「完全なる人間」というのは、つまり、私たちと何ら変わらない、普通の人間でもあるということです。よくアイドルのファンは、「〇〇ちゃんはうんこしない！」などと言いますが、イエスは「完全な人間」ですからうんこします。クリスチャンはいくらイエスを崇めていても、イエスがうんこをすることは否定しません。「いやよ！　イエス様がうんこするなんて、あたし絶対認めないわ！」となったら、これは「仮現論」と呼ばれ、異端思想です。仮現論はイエスに神性しか認めない立場のことで、イエスには実は人間の要素はなかったのだから、十字架に架けられた時だって本当はへっちゃらでした、だって神だもんね、という考え方です。しかし、これは異端ですから、ちゃんとイエスの中には人性があって、「ウギャー」と苦しんで十字架で死んだと考えなければいけないのです。そういうものなんです。

　また、イエスの中の人性と神性に関しては、

「いやいや、イエス様の中には人性も神性もちゃんとどっちもあったよ。ただ、神性がスゴすぎて人性は吸収されてしまっただけさ」

と、考えた人たちもいました。しかし、これもやっぱり異端で『単性論』と呼ばれます。イエスの中には「完全な神」と「完全な人間」がどっちも別々になければならないというのが、現在、一般に正統と言われている考え方です。とはいえ、三位一体が三つセットで神であるならば、そのうちの一つであるイエスの中に、さらに人と神の要素が二つも入っているというのは単純に考えてなんだか不思議な話ですよね。イメージ的には単性論の方が分かりやすい気がしなくもありません。

まあ、ともあれイエスの中には人性と神性がちゃんとどっちもあるわけですが、そんな折、「じゃあ、イエスの母マリアはイエスの人性を生んだだけで神性を生んだわけじゃないから、今までの『神の母』って呼び方はおかしくない？」と言い出した人たちがいました。これを「ネストリウス派」と言います。もちろん、これも異端となりました。人性と神性を区別してはいけなかったのです。つまり、イエスの中には人性と神性がありますが、二つが一緒になっても異端だし、別々に区別されても異端なのです。もうよく分かりませんね。

さて。こういうことを延々と書いていると、キリスト教徒ではない読者の方々は、おそらく今頃こう思っていることでしょう。「本当にどうでもいい」「すごくつまらない」「死ぬほどくだらない」と。そうです。異端なんてのはそんなものなんです。傍《はた》から見ると本当にどうでもいい、死ぬほどくだらないことで分かれていった分派が異端なのです。どっちが間違ってるとか、どっちが邪悪だとか、そんな大それた問題ではないのです。傍から見ればね。

しかし、もちろん当の本人たちにとっては大問題です。命を賭けてでも理非を明らかにすべき事だったでしょう。が、しかし、本人たちがどれほど真剣でも、傍から見ればくだらない争いに見えるのは仕方ありません。最初の方で「三位一体なんて知らなくても何も困らない」と書きましたが、知らなくても困らないんだから、ほとんどの人にはどうでもいいことなんです。だから、本人たちがいかに本気でも、傍から見たらどっちでもいいことだし、どっちでもいいことを本気で争ってる人たちは、やっぱりすごくくだらなく見えちゃうのです。これはもう仕方ないので諦めて下さい。世の中そういうものなんです。

というわけで、あなたの話に戻りますが、あなたの教団に解釈の異なるものが現れた場合、あなたはそれを異端と断定し、追放してしまっても何ら問題はありません。歴史的に見ても、異端追放なんてのはそんなものだったんですから。しかし、あなたやあなたの教団にとって、それがどれだけ重要な追放劇であったとしても、外部から見れば不毛な内部争いにしか見えないことは、はっきり自覚しておいて下さい。「キリスト教なんて、口では博愛を謳いながらも、ちょっと考えが違うだけで追放してるじゃねえか」と思う人も多いことでしょう。当人たちにとって異端追放がどれだけ重要でも、傍から見ればこんなものなのです。三位一体なんて知らなくても外部の人間は全然困らないし、イエスの人性と神性の区別なんて話になったら、もう本格的にどうでもいいことなのです。

また、異端と断定し追放しても、それだけで事が丸く収まることはありえません。現にキリスト教においても、単性論派やネストリウス派などは現在でも東方諸教会としてちゃんと存在し続けています。どっちが正しいのかよく分からない、非常に微妙な問題で彼らは異端とされたわけですから、いくらお上が「こっちを正統とします」と言ったって、「いや、でもオレは単性論の方が正しいと思うな」「むしろ、ネストリウスの言うとおりじゃね？」と考える人もたくさんいたわけです。特にキリスト教は、異端思想の方が正統思想より分かりやすい場合が多々ありますからね。イエスの人性と神性の問題を見ても、「一緒じゃないけど別々でもない」という正統思想は分かり辛く、「なんでこんな奇妙な形に落ち着いちゃったんだろう？」と思わざるを得ません（実際のところ、これの成立過程には神学的な要因だけでなく政治的な要因もあるのです）。同じように、あなたも誰かを異端と断定して追放した場合、むしろ彼の方に付いていく者も出てくると考えるべきでしょう。

相手の言っていることの方が分かりやすければなおさらです。

というわけで、あなたが異端を追放した場合、傍から見たらバカみたいに見えるし、追放しても危険が拭《ぬぐ》えるわけではないことは理解しておいて下さい。リスキーな行為であることは確かですが、これは仕方ありません。

それに、物事には常に善悪両面があります。異端を追放する過程で得られるものだってゼロではないのです。たとえばキリスト教にしたって、前述のような異端との論争過程を経ることで教義が洗練されていったと見ることもできます。また、イスラム教にしても、イスラム教最初の分派であるハワーリージュ派と、その対抗学派であるムルジア派の論争からイスラム神学は発展しました。そして、ユダヤ教が本来口伝で伝えられるべき教えをタルムードとして文書化したのは、彼らにとって異端であるキリスト教が福音書なんてものを作ったから、それに対抗してのことでした。それでも、現在ではタルムードは立派にユダヤ人のアイデンティティーを支えるものとなっているのです。

異端が生まれること自体は仕方ありません。十人十色と言いますし、皆が皆、同じようにあなたの言葉を受け取ってくれるわけではないのです。そして、異端の追放にも大きなデメリットがありますが、メリットもないわけではありませんので、これは仕方がないものだと割り切って追放して下さい。もちろん社会的非難を受けないよう、暴力的追放は厳に慎んで下さい。外部には愛や平和を謳いながら、内部では粛清の嵐が吹き荒れるような教団なんて嫌ですよね。

†迫害に対処しよう

本書の教えに忠実に従ってきた皆さん。この辺りまで確実に実践できていれば、教団もそこそこ安定してきたことと思います。しかし、いったん何かを得ると、今度は失うことを恐れ出すのが人間というものです。今頃、あなたは「教団が社会から謂れのない誹謗中傷や迫害を受けるのではないか」などと思い、不安に陥っているのではないでしょうか？確かに、現代日本における宗教のネガティブイメージを考えるに、杞憂《きゆう》と切って捨てて良い問題ではありません。その可能性は十分にあります。あなたは世のため人のため自分のため、これまで必死に頑張ってきたというのに全く失礼な話ですよね。しかし、民衆は豚ですから仕方ありません。迫害を受ける可能性は覚悟しておくべきです。

ですが、迫害を受けるというのも、また考え方一つです。確かに中国における法輪功やチベット仏教、イランにおけるバハイ教などのように、生死に関わるレベルでの迫害はたまったものではありません。あなただって嫌でしょう。ですが、幸いなことに、ここは日本です。いくら迫害されても生き死にまで至ることはそうそうないでしょうから、迫害されたら迫害されたで、それ自体はしょうがないものと諦め、むしろそれを逆手に取って利用する方法を考えていきましょう。何事も善悪両面。迫害にだってメリットはあるのです。

その迫害を受けることの利点ですが、まず、すぐに思いつくのが、迫害による組織力の強化です。よく一般に「恋は障害が多いほど燃え上がる」と言いますよね。これは宗教も同じです。外部から「それはダメだ」「お前らは間違っている」などと言われれば、ムキになって「そんなことはない！」「オレたちは正しいんだ！」と反論したくなるのが人情です。外部からの一方的な批判は、むしろ彼らの信仰心を強化することに繋がるのです。

さらに、その批判が的外れであればなおさらでしょう。信者たちは理不尽な批判に対し、いくらでも反論を思いつくことができ、一層自分たちの正しさを確認できるのです。かつて、オウム真理教の信者に対し、自治体が受け入れ拒否をしたことがあります。この件は住民の感情的には分かる話ですが、しかし、法律的には明らかにオウム側に理がありました。そして、理がある以上は、「この件に関してはオレたちが正しい」と彼らが思うのも当然のことですし、自分たちの正しさを自認しているのに外部から攻撃を受ければ、「オレたちが正しいんだ」「あいつらの方が間違っている」と思い、内部の結束力が高まったとしてもおかしくはないわけです。迫害といっても、相手を根絶しない限りは外に追い出すだけですからね。追い出した先で相手は結束を固めるだけです。

このように迫害を受けることには、組織強化という面ではむしろメリットがあると言えるかもしれません。しかし、読者の中には、

「でも、迫害なんて受けたら、信者たちが『オレたちの宗教は誤ってたんだ』『オレたちは神に見捨てられたんだ』なんて思ったりしないかなあ」

と心配になってくる人もいることでしょう。ご安心下さい。西暦七〇年、ローマ帝国によりエルサレム神殿が破壊された時、ユダヤ人たちはこれをどう捉えましたか？　キリスト教徒たちは、「ほら、やっぱり契約は更新されてるんだ。あいつらは神に見捨てられたんだ」と考えましたが、当のユダヤ人たちは「ああ、やはり神は我々を気に掛けて下さっている！」と考えたのです。彼らの神ヤハウェは、言いつけを守らない者がいたら厳しく罰する神であり、気に掛けてくれているからこそ、子を叱る父親のように、エルサレム神殿破壊、死者一一〇万人という厳しい指導をしてくれたと、彼らはそのように考えたわけですね。このように、迫害を受けても、それは神に見捨てられたわけではなく、むしろ神の意志であると捉えることは十分に可能なのです（ただ、ユダヤ人もさすがにホロコーストをこの論理で受け止めることはできなかったようですが……）。


もう一つ、日本の宗教シーンから日蓮の例を取り上げてみましょう。彼は迫害をどう受け止めたのでしょうか？　彼は自分の信奉する法華経に「末法《まっぽう》の世に法華経を広めると必

ず難に遭う」と書かれていたことを根拠に、迫害をポジティブに受け止めることに成功しました。つまり、「オレがこんなに迫害を受けてるのは、オレがちゃんと法華経を実践してる証拠ってことだな。やったぜ」と考えたわけです。もうこうなっちゃうと無敵ですよね。周りから何と言われようと自分は絶対に正しいと信じることができます。むしろ、迫害を受ければ受けるほど、自分の正しさが裏打ちされたと感じることができたでしょう。日蓮系の創価学会が、世間から激しく叩かれながらも強烈な布教活動を持続できたのには、この辺りの理由もあるのです。

このように、周りから迫害されることも、必ずしもあなたの教義を貶《おとし》めるものではないと言えます。むしろ、信仰の強化にすら繋がるかもしれないのです。それに「迫害にも負けず教えを伝える」というのは、なんだか美談のような感じもしますよね？　実際に日蓮や親鸞やイエスなどが受けた迫害は、現代では美談に昇華されて伝わっているのです。あなたが受ける迫害だって、将来は美談になっているかもしれませんよ？

このように、総合的に見ると迫害を受けることにも多くのメリットがあることが分かると思います。迫害も必ずしも悪いことばかりではないのです。……と言うと、皆さんの中には心境一変し、「なんてこった、迫害がそんな素晴らしいものなら、ぜひ迫害されたいものだなあ」と思い始める人もいることでしょう。しかし、同時に、「だが、そんなに都合よく迫害してもらえるものだろうか。客観的に見ても、オレの教義は別に叩かれる程のものではないしなあ」と、また新たな不安を抱き始めるかもしれません。ですが、ご安心下さい。現代日本ではあなたがどれだけ真面目に新興宗教を行っていても、必ず誰かが批判してくれます。迫害不足に困ることはありません。

というのも、あなたの教団の実態がどうであろうと、相手に先入観さえあれば何でも気持ち悪く見えるからです。そして、新興宗教というのは新興宗教であるだけで気持ち悪いのです。だから、あなたは何をしようと気持ち悪いし、気持ち悪いから叩かれるのです。

たとえばインターネットを見ていると、ある新興宗教のアンチサイトには、「息子が明るく社交的で親孝行するようになった！」という「被害者の声」が載せられていました。「新興宗教は気持ち悪い」というイメージさえしっかり持っていれば、息子が明るくなろうと社交的になろうと親孝行を始めようと、とにかく何もかもが気持ち悪いのです。このような事例を見れば、あなたの心配が杞憂であることはすぐにお分かり頂けますよね？

また、どうしても心配だ、確実に迫害を受ける方法はないだろうか、という方には日蓮正宗《しょうしゅう》という心強い味方がいますからご安心下さい。「真言亡国、禅天魔、念仏無間、律国賊」の四箇格言《しかかくげん》に見られる通り、日蓮は他宗派を激しく批判した人物として知られていますが、日蓮正宗は現代でもこのスタイルを貫き通し、他宗派を激しく批判してくれているのです。先述の通り、日蓮正宗出身の創価学会もかつては同じスタイルだったのですが、残念なことに最近では時代の変化を見極めて丸くなってしまい、あまり積極的に他宗派を批判してくれなくなりました。やはり、ここは伝統と実績のある日蓮正宗にお願いするしかないでしょう。日蓮正宗なら必ずやあなたの宗教を批判し、邪宗であると断言してくれるはずです。日蓮正宗なら確実です。日蓮正宗を信じて下さい。

〈チェックリスト〉

□ 他教団をこきおろすか、もしくは認めたか？
□ 異端は追放したか？
□ 迫害を逆に利用できているか？
□ 日蓮正宗に邪宗と断じられたか？

第七章

甘い汁を吸おう

　ここまでの努力が実り、教団が安定してきたなら、あなたもそろそろ甘い汁を吸いたい気分になってきたはずです。そもそも甘い汁を吸って人生をハッピーにするために、あなたは教祖を目指したのですからね。これまでの過程でうっかり高潔な宗教的人格に目覚めていなければ、あなたは今も甘い汁が吸いたくって仕方がないはずです。

　しかし、かといって、度を外れて放縦な生活をしていれば、あなたの威厳は雲散霧消し、信者たちからも愛想を尽かされてしまうでしょう。ですから、あなたは、教団の勢力をより強固なものとし、かつ、信者をハッピーにしつつ、さらに、自分自身も愉しませる、そんな甘い汁の吸い方をしなければならないのです。「そんなことを言われても難しいや」と思うかもしれませんが、ご安心下さい。本章では、そんな甘い汁の巧い吸い方を紹介していきます。

†出版しよう

甘い汁を吸うにあたり、まず、オススメしたいのが本の出版です。教団の教義や歴史、もしくはあなた自身の自叙伝などを書籍化して販売するのです。出版は基本的にリスキーなビジネスで、その本がちゃんと売れるかどうかはギャンブルになってしまうのですが、しかし、教団出版物だけは話が別です。だって、信者の数だけは売れますからね。教祖だけは例外的に、出版を安定したビジネスへと変えることができるのです。

また、本というものは基本的に一人一冊しか買わないものです。どれほどその作家のファンであっても二冊買ったり三冊買ったりということは普通はありえません。しかし、これも宗教であれば話は別です。本はもちろん布教手段にもなりえますから、たとえば三冊買って一冊は自分用に、他二冊は信仰を持たない友達に渡したり、もしくは、入信したばかりの信者にプレゼントするなど様々な使い道があるのです。これも教祖が出版をする上での大きなメリットと言えるでしょう。「一人一冊」という出版の限界すら突破する。それが宗教なのです。むろん、売り上げだって他の作家に比べて遥かに有利です。皆さんも書籍の売り上げランキング上位に宗教書がランクインしているのを見た覚えがありますよね？　経済的利益ばかりでなく、あなたは「ベストセラー作家」という社会的栄誉をも得ることができるのです。

もちろん、書籍は新規信者の獲得にも役立ちます。あなたの本が全国の書店の宗教書コーナーに並んでいれば、それを目にした人たちが教えに感銘を受け、そこから入信に至る可能性だって十分にありえますよね。それに、信者の立場からしても、教えが書籍として形になっていた方が安心できるはずです。あなたも含め、人の言うことはその場その時でコロコロ変わって、周りの人はしばしば混乱するものですが、書籍になっていれば少なくともその一冊の中では首尾一貫していますから。信者も信じるべきことがはっきりしている方が安心できるでしょう。

ただし、これは逆に言うと、あなたのこれからの教えや教団方針も、その書籍に縛られてしまうということです。キリスト教には聖書というれっきとした書物がありますが、中世の頃のカトリックはラテン語からの翻訳を許さず、その結果、一般信徒たちは聖書の内容などほとんど知らなかったと言われています。彼らはただ神父の口を通じてのみ聖書に接していたのですが、これには「一般信徒は聖書のことを知らない方が教会にとって都合がいいから」という理由もあったと言われています。民衆が聖書の教えをそのまま受け止めていては十字軍や異端審問なんてとてもできませんからね。

というわけで、書籍の刊行には「書籍に縛られる」というデメリットがないわけでもありません。しかし、現在の情報化社会にあっては、どうせ放っといてもあなたの教えはネット等のどこかで文章化されますので、下手なことを書かれるよりは自ら書籍化した方が良いとも言えます。特に、あなたの死後、教団が滅びてしまった場合などは書籍だけが歴史を記す頼りとなるのですから。想像して下さい。五〇〇年後、歴史研究者があなたの教団のことを調べたとして、参考資料が週刊誌に載っていたバッシング記事しかなければどうなりますか？　後世の人たちはあなたの教団をロクでもない淫祠邪教として認識するかもしれません。そんなのイヤですよね？

　歴史的に見ても、マニ教などがまさにこういった目に遭っているのです。マニ教は当時の大宗教としては珍しく、教祖自身がきちんとした教典を書き残した宗教ですが、しかし、不幸にもその書物が散逸してしまったのです。そのため、後世の研究者は、マニ教を批判していたキリスト教徒などの著作からしかマニ教の教義を探ることができなくなってしまったのです。こんなことにならないよう、やはり書籍はきっちりと残しておきたいところですね。なお、マニ教も二〇世紀になってからは、敦煌《とんこう》やエジプトで文書が発見されています。あなたも将来、国内で迫害されて焚書《ふんしょ》に遭う危険性を鑑みるなら、リスクヘッジという意味でも海外布教をしておく方が良いかもしれません。

　また、教団が消滅するほど先のことを考えなくとも、あなたの死んだ直後のことを考えるだけでも、やはり書籍は残した方が良いと言えるでしょう。というのも、あなたの死後、後継者たちがあなたの言葉をうっかり忘れたり、もしくは好き勝手に教義を解釈したり、捻《ね》じ曲げたりして、あなたの宗教を変質させてしまう恐れがあるからです。イスラム教でも、当初、ムハンマドが受けた啓示は主として暗記により伝わっていましたが、暗記していた人が段々亡くなっていったために危機感に駆られ、そこでコーランの文字化が始まったのです。しかし、この文字化は場所や人ごとに勝手に行われていたため、恣意的に内容が変えられることさえありました。この問題に対処するため、イスラム教ではコーランのバージョンを一つに絞り、他のバージョンを廃棄したのです。現代に伝わっているのは、その一つに絞られたバージョンのコーランなのです。このようにきちんと教義が書籍化されていれば、後継者たちもおいそれと捻じ曲げることはできなくなりますよね。

そして、この意味でさらに顕著な例がシク教です。というのも、シク教では教典自体がグル（導師）となっている程ですから。なぜそんなことをしているかというと、たとえば人間のグルが弟子に何か質問された場合、グルの側にしがらみや利害関係があると正しいことも正しいと言えなくなってしまう場合があります。人間ですから仕方がありませんね。ですが、これが書籍であればそんなしがらみはありませんので、シク教徒は教団運営で意見が分かれた時など、教典の『グル・グラント・サーヒブ』をぺらぺらっとめくって、そこで出てきた文言に従ったりするわけです。シク教の例は教義を書籍化することの意味を端的に示すものと言えるでしょう。

このように、あなたの教義を書籍として残しておけば、将来の信徒たちが勝手に変なことをするのを防ぐことができるのです。……ただ、コーランには、「復讐はやりすぎんな」「相手が手を引いたら、お前も手を引け」「信仰のために破滅するようなことはするな」「自殺すんな」「人を殺すな」などと自殺や殺人の禁止が明記されているにもかかわらず、イスラムの過激派は元気に自爆テロしていますから、しっかり書いたところでダメな時はやっぱりダメな訳ですが……。

†不要品を売りつけよう

出版で甘い汁を吸い、いくらかの利益を挙げたあなた。しかし、ここで満足していてはいけません。まだまだ教祖としての甘い汁ロードは始まったばかりです。次なる甘い汁を求め、さらなる飛躍を続けましょう。

さて、次に着手したい事業は新商品の開発ならびに販売です。みなさんは新商品を売り出そうとする時、どのような思考プロセスを踏みますか？　通常なら、まずは「私たちの日常生活に必要なものは何か？」を考えるはずです。販売者は人々の日常に必要なものを売り、購入者は日常に必要なものを買う。これが通常の売買だからです。しかし、以前にも書いたとおり、宗教の本質とは「日常からの飛躍」にあります。日常の論理とは異なる、別なる価値観を持つ世界。それが宗教の世界です。そう、ここまで言えばもうお分かりですね。つまり、宗教ならば「日常生活に不要なものまで売りつけられる」のです。

一例を挙げましょう。たとえば数珠《じゅず》です。みなさんも葬式などに行く時、よく分かんないけどとにかく数珠を持っていきますよね？　ちなみに、仏教徒の象徴的アクセサリーと思われがちな数珠ですが、実のところ、同様のものはイスラム教にもキリスト教にもあります。イスラム教の数珠は「タスビー」や「スバハ」などと呼ばれ、こちらはあまり聞き覚えのない言葉だと思いますが、キリスト教の数珠は有名で「ロザリオ」と言います。ロザリオってのは実は数珠なんですね。それで、仏教の数珠にしろタスビーにしろロザリオにしろ基本的な用途は同じで、あれは数を数えるためのものなのです。私たちはよく分かんないままに手の中で転がしていますが、本来はお祈りしたり念仏を唱えたりする際に、その回数をチェックしておくためのアイテムなのです。

そして、ここで大切なことは、私たちは「よく分かんないままに」数珠を持っているということです。何に使うのか分からなくても、それを葬式に携行することがスタイルとして確立しているから所持しているのです。本来の用途に用いない以上、数珠の有無なんか本当はどうだっていいはずですが、しかし、ここには確かに「本来不要なはずの」数珠に対する需要が生まれているのです。この事実からも、あなたは甘い汁の吸い方を学ぶことができるでしょう。

念のため言っておきますが、筆者は数珠なんか要らない、あんなもん買うな、と言っているわけではありません。本来の用途に用いてないとはいえ、数珠の需要は現に発生しているのだから買えば良いのです。たとえば、立派な社会人が葬式に手ぶらで現れれば、「なんだあいつ、数珠持ってねえぜ」「故人に対する追悼の念が感じられないぜ」とナメられてしまうことでしょう。現に日本社会がこういうコミュニティなのですから、これはこれで需要はちゃんと生まれているわけです。筆者はこのような需要のあり方を決して否定しません。このような形もまた、れっきとした日本文化であり、私たちの伝統であるからです。よって、当然こうも言えるわけです。あなたの教団においても、このような伝統とな需要を作ってしまえば良いのだと。「買わないと失礼だ」「買わないと人としてなっちゃいない」という、「買わざるを得ない空気」を作り出せば良いのです。

さらにここから敷衍して言うなれば、数珠には社会的ステータスとしての意味合いを見出すこともできます。先の例で言えば、社会人が数珠を持っていなければ「なっちゃいねえな」と思われるわけですが、逆に二十代、三十代の若者がしっかり金をかけた立派な数珠を持っていたらどうでしょう。年配の方は「こいつはこういうところに金をかけられるんだな」「立派なやつだ」と感じるわけです。立派な数珠は葬式という社交界におけるステータスとしても機能するのです。

同様に、戒名《かいみょう》も不要品としては優れた商品と言えるでしょう。なにせ材料費など一切掛かりませんからね。元手が完全にタダです。また、戒名は「死者を坊主にするために付けるホーリーネーム」ですので、別に長かろうが短かろうがどうでもいいことですが(あなただって自分の名前が人より長くても別に嬉しいとは思いませんよね?)、現実問題として、これも「長い方がカッコイイ」という社会的ステータスとなっています。そういう伝統と需要が育まれているわけです。まあ、他人からの評価など、仏教的に考えれば本当にどうでもいいことではありますが、本人が嬉しいならそれはそれで良いのではないでしょうか。とにかく、社会的ステータスとしての意味合いを与えることで、あなたは不要品の需要を促進できるのです。

そういえばイスラム教のシーア派、イマームの殉教日には彼と同じ苦難を分かち合うため、バザールで鎖を買っては自分の体をばちばち打ちながら行進すると前に書きましたが、あれなどはまさに不要品を売りつけている典型例といえるかもしれません。自分を打つための鎖なんて、特殊な性癖のある人以外には普段は全くの不要品ですよね。

†免罪符を売ろう

不要品を売りつけるという意味では、決して欠かすことのできないアイテムがあります。そうです、免罪符です。「免罪符を買えばキリストの母マリアを犯しても許されるのだ」でお馴染みの、あの免罪符です。先の「不要品を売りつけよう」に即していうならば、免罪符を販売するにはそもそも購入者の側に免じるべき罪の意識がなければなりませんが、キリスト教は人々が何となく抱いている不安に「罪」という説明を与え、それを「免罪符」で軽減することで、これを可能にしていたわけです。自分で生み出した需要だからこそ、自分たちで独占的に解決法も供給できるわけですね。

なお、免罪符の販売というと、なんだか悪いことをしてる気持ちになってしまう人もいるかもしれませんが、免罪符も決して悪いことではありません。何度も書いてきたとおり、あなたはとにかく人をハッピーにできればそれで良いのです。いくばくかのお金を払っただけで、その人が天国行きを確信して心安らかに毎日を送れるなら結構なことではありませんか。くだらない善悪のイメージに囚われてはいけません。

それは歴史的に見ても明らかです。免罪符はルターが批判して、そこからプロテスタント運動に発展したと言われていますが、ルターの批判といっても、あれも別にお金で赦《ゆる》しを買う金儲け主義を倫理的に問題視していたわけではありません。彼はあくまで「それって神学的に考えて辻褄合わなくない？」という意味で批判していたのです。ルターが問題にしていたのは、「学問的に考えて免罪符に根拠がない」点です。だから、逆に言えば、根拠があるなら全然オッケーだったのですね。そして、あなたの場合であれば、根拠はあなた自身が作れば良いのですから、免罪符を販売したって何の問題もないということです。この点を勘違いして、免罪符販売に余計な罪悪感を抱かないよう注意して下さい。

ですが、

「免罪符なんて響きが悪いなあ。一般的に悪いイメージが広まっているし、そんなことをしたら教団の外聞が悪くなるんじゃなかろうか」

と、あなたは心配するかもしれません。なるほど、表面的な善悪ではなくリスク&リターンの観点から懸念する姿勢は大切ですね。しかし、これの解決法は簡単です。バカ正直に「これは免罪符です。さあ、お金で救いを買いなさい」などと言わなければ良いのです。現に、我が国でもずっと昔から免罪符は販売されてきましたが、特に問題にもなっていないのですから。要はやり方次第なのです。

日本における免罪符の例を挙げるならば、たとえば日本の寺社には、古くから「御朱《ごしゅ》印《いん》」というものがあります。御朱印帳という、いわばスタンプ帳を持参して坊さんや巫女さんにお願いすると、その寺社のオリジナルスタンプとサインを入れてくれるのですが、このスタンプとサインが御朱印です。元々は寺社に写経を納めた際に「受け取りましたよ」という意味でサインしていたらしいのですが、そのうち写経の代わりにお金を払って御朱印をもらうようになりました。むろん現代でも写経を納めても構いませんが、マネーで解決するなら大体三〇〇円程で御朱印がもらえます。なお、西国三十三所巡礼や、四国八十八カ所巡りなどは、この御朱印をもらう旅といった面もあり、現代で言うところのスタンプラリーのようなものだと考えて下さい。

それで、この御朱印ですが、単に旅の記念スタンプというわけではありません。元々は「寺を訪れ」「写経を納める」という宗教的行為の証でしたから、御朱印を持っているということは信心の証でもあったわけです。そして、信心があれば地獄に落ちない、成仏できる、ということで、たくさんの御朱印を揃えた御朱印帳は極楽へのパスポートと見なされていたのです。これはまさに日本版免罪符ではありませんか！

昔の旅は今よりも遥かに厳しいものだったでしょうが、コレクター心をくすぐり、さらにコンプリートすれば成仏という見返りまである御朱印スタンプラリーは、当時の庶民たちをワクワクドキドキさせる一級のレクリエーションではなかったかと思われます。現代でもコレクターが高値でトレーディングカードの取引をしていることはよく知られてますが、種類があれば揃えたくなるのが人の性《さが》というものです。コレクション要素を高め、さらに「救済」という付加価値まで付けた御朱印は、日本特有の免罪符として卓越したやり方であったと言えるでしょう。現にキリスト教の免罪符と違って、特に問題視もされていませんし、悪いイメージもありません。免罪符もやり方次第なのです。

また、考えようによっては、私たちが正月に何気なく買っているお守りも免罪符と言えますし、信者が高額を払って行う修行も免罪符のようなものだと言えます。大金を出して厳しい修行をすれば、きっと救われそうな気持ちがしますよね。さらには、かつて貴族は寺院を建設することで功徳を積めるとされていましたが、これもお金で救済を買っているわけですから、広い意味での免罪符販売と言えるでしょう。

他にも、お金を払って額にポンとハンコを押してもらうと、たちまち罪障消滅して極楽へ行けるという、信濃善光寺《しなのぜんこうじ》の「御印文《ごいんもん》」なども免罪符のようなものですね。この御印文に関しては、批判されるどころか、「御印文のせいで地獄に閑古鳥が鳴き、財政困難で鬼も栄養不足。いよいよ窮した閻魔大王が石川五右衛門をして盗みにいかせるが、その五右衛門すら極楽へ送ってしまった」と、古今亭志ん生がその功徳の高さを語り継いでいるほどです。

まとめますと、お金であれ、行為であれ、人は何かを犠牲にすれば、その分何かを得られると考えるわけです。宗教の場合、得られるものは救済です。ですから、あなたも免罪符を売ることで彼らから搾取をするのではなく、免罪符で彼らに救済を与えているのだと考えて下さい。免罪符には確かに悪いイメージが付きまとっています。しかし、免罪符販売も結局、「みんなを幸せにしたい」というあなたの溢れ出る善意により行われるものですから、尻込みすることなく堂々と販売すれば良いのです。イエスさまも「金持ちが神の国に入るよりも、らくだが針の穴を通る方がまだ易しい」と言っています。このお言葉を免罪符に、あなたも免罪符販売に励んで下さい！

【コラム】免罪符でキミもマリアを犯そう！

本文にも書いたカトリックの「免罪符」ですが、これは実際にはどのようなアイテムだったのでしょうか。これについて、もう少し詳しく書いておきます。

免罪符について語るには、まず、カトリックにおける「罪のゆるし」について触れなければなりません。カトリックでは「ゆるしの秘蹟（告解）」により罪はゆるされるとしています。神父さまのところに行って、「私はこれこれこういう悪いことをしました」「分かりました、神に祈りなさい」っていうアレですね。この「ゆるしの秘蹟」による罪のゆるしですが、正確には三段階の手順を踏みます。

最初の段階は、懺悔《ざんげ》する人が「悪いことしたなあ」と反省することです。まずは自分の罪を自覚しなければなりません。次に、神父のところに行って、「これこれこういう悪いことをしました」と告白し、自分の罪を言葉にします。言葉にすることでより明確に罪を自覚するためです。そして、最後に償いをしなければなりません。一般的には告白の時点で終了と思われているでしょうが、実際は最後にこの償いがあるのです。償いは大抵の場合は「祈り」です。告白を受けた神父さんが「神に祈りなさい」とよく言ってますが、あれはお決まりの文句ではなく、ゆるしのプロセスの一環なのです。

そして、この償いですが、「祈り」以外の場合もあります。罪に対する責任が償いですから、たとえば窓ガラスを割って告白に来た人には、「分かりました。窓ガラス代を弁償しなさい」と言うわけです。犯罪を犯しても教会で告白さえすればオッケーというわけではなく、やっぱり償いは償いで必要なのです。

と、ここで免罪符に戻りますが、免罪符が可能とするのは、この「償い」の軽減です。ですから、「罪を免じる」という意味の「免罪符」の呼び名は正確ではなく、「償いを免じる」、つまり、「免償符」という呼び名の方が正確です。ですので、「免罪符さえ買えばキリストの母マリアを犯しても許されるのだ」とは言っても、「マリアを犯してすまんかった」と悔恨し、神父のところで「マリアを犯しました」と告白し、そこで免罪符を購入すると、やっとこさマリアを犯したことが霊的には許されると、こういうわけですね。免罪符にしてもやっぱり反省は求められるわけですし、それはそれとして警察組織から婦女暴行の罪ももちろん問われるでしょう。免罪符もそんなに万能ってわけでもないのです。

また、免罪符は教会建設資金という名目で販売されていたわけですが、日本の仏教でも、貴族は仏道修行の代わりに寺院建設をして功徳を積もうとしていたわけです。それらを比較して考えてみると、免罪符も一般的なイメージよりは大分マシに思えてきませんか?

†喜捨を受け付けよう

教団の最大の収入源はもちろん信者からの寄付です。つまり、あなたがたくさんの甘い汁を吸いたければ、信者からたくさんの寄付を受け取れば良いということです。しかし、前項と同様、あなたの仕事はもちろん信者をハッピーにすることですから、彼らから寄付をたっぷり受け取りながらも同時に彼らを幸せにすることを忘れてはなりません。

では、どうすればたっぷり吸い上げつつも、彼らをハッピーにできるのでしょうか？ 寄付の意味は前にコラムで書いたとおり、「世俗の価値観から脱する」ところにあります。世俗の価値観を脱して、教団の提供する新しい価値観の中で信者をハッピーにするわけです。しかし、とはいっても、信者の皆が皆、そこまでの境地に達せられるはずもありません。そこで、ここではもう少し低いレベルで信者をハッピーにする方法を説明します。

まず簡単なのは、彼らの名誉欲を刺激することです。彼らがたくさん寄付をすればするほど教団の中で一目置かれるような、そんなシステムを作り上げましょう。たとえば、寄付をするために条件を付けるというのも一つの手段です。「ある程度の財力と、しっかりした信仰がなければ寄付はできませんよ」などのように、寄付できることをむしろ信者の特権とするのです。「でも、そんな条件を付けたら寄付してくれなくなるんじゃないかなあ」と、あなたは思うかもしれませんが、そもそも貧乏人から少額の寄付金を受け取ったところで仕方ありませんし、無理して餓死でもされたら外聞が悪いですよね。だから、逆に条件を付けて、寄付を中流階級以上の信者に限定するのです。

すると、どうでしょう？ 彼らは頑張って条件をクリアーして、「寄付できる権利」を手に入れたわけですが、そこまでして得た権利は「素晴らしいものである」と思い込んでしまうものなのです。頑張った上にくだらなかったら最悪ですからね。だから、彼らはそんな素晴らしい「寄付できる権利」を嬉々として行使するし、寄付の素晴らしさを仲間内にも喧伝します。こうして、「寄付できる権利」を持つ彼らの立場は教団内で一種のステータスとなり、皆の尊敬を集めることができるのです。名誉欲に満たされた彼らはきっとハッピーなことでしょう。「こんなに寄付しちゃうオレってマジ信仰篤いよな」と誇らしくなっているはずです。まあ、達磨に言わせれば「功徳一切なし」なわけですが、とりあえず本人が幸せならそれで良いですよね。

また、いっそのこと、あなたの教義の中に「たくさん寄付する人がえらい」という内容を盛り込んでしまうのも良いかもしれません。「でも、それってあからさまに集金に走ってるみたいで感じ悪くないかなあ」と心配かもしれませんが、ユダヤ教などもそんな感じでやってますから大丈夫です。

たとえば、ユダヤ教の寺院であるシナゴーグでは、寄付金の多い人や有力な家系の人ほど良い位置に座ることができて教団内で力を持つことができます。なんとも即物的な話に聞こえるかもしれませんが、これはユダヤ教に「正しい信仰があれば経済的にも豊かになれる」という考え方があるためです。逆に言うと、神の恩恵を証明するためにもユダヤ教徒は熱心に商業活動を行うわけですから、そりゃあ実際に裕福になることだってあるわけです。そうすると、「本当に裕福になれた。やっぱりうちの宗教は正しいんだ！」となって、信者の信仰はさらに篤くなり、あなたの懐も暖かくなるわけです。完璧ですね。

このように、「たくさん寄付する人がえらい」という雰囲気を作るのは寄付を煽る上で大変有効です。ユダヤ教徒が商業的に成功してきたのは、一つにはこのような風潮がユダヤ社会にあったからと言えるでしょう。しかし、その一方でもう一つ別のやり方も存在します。逆に、寄付をした人に名誉を与えない、というやり方です。

こちらの実施法は簡単です。信者からの寄付を全員匿名にすれば良いだけです。誰が払ったのか分からなければ、誰を尊敬すれば良いのかも分かりませんからね。

「しかし、人から尊敬も得られないのに進んで寄付するような物好きがいるだろうか？」と、あなたは思うかもしれません。ですが、その心配は無用です。彼は確かに周りの人からの尊敬を得ることはできませんが、その分、別の物をより多く得ることができるのです。そうです。「私は人から尊敬されたくて寄付しているのではないのだ」という自尊心を、彼はたっぷりと獲得できるのです。

イスラム教やバハイ教などはこのスタイルを取っています。現にイスラム教のコーランを見てみると、「お前に食事を与えるのは、お前からありがとうと言われるためではなく、アッラーに誉めてもらいたいからなんだぜ?」という記述があります。また、「見栄を張るために寄付をするな」「寄付する時はどういう気持ちで寄付をするかが一番大切」なども明記されているのです。名誉欲ではなく、純粋に宗教的な理由のために寄付をしろ、ということですね。匿名寄付は「人からの尊敬」という社会的な満足感を得られない分、より純粋に宗教的な満足感を得られるやり方と言えるでしょう。それに単純に考えて、人知れず多額のお金を寄付して、ちっとも偉ぶらないってカッコイイですよね。そして、そんなカッコイイことが当たり前に行われている組織もカッコイイし、そこに所属する自分もまたカッコイイわけです。教団への愛着を深め、誇りを抱かせるという意味でも、匿名寄付は有効なやり方と言えるでしょう。

そして、どちらのスタイルを取るにせよ、信者一人一人の経済力を高めることは非常に有効です。当たり前の話ですが、信者一人当たりの所得が増えればそれだけ寄付金の額も増えるからです。つまり、真面目に信仰すれば勤務態度が良くなり、努力も惜しまなくなり、勤労意欲がメキメキ湧いてくるような、そんな教義を作れば良いのです。

それの好例が先述のユダヤ教の考え方ですが、同じような思考法はキリスト教のプロテスタントにもあります。プロテスタントでは、まず、世俗の全ての職業を天職、すなわち、神が人間に与えた任務と捉えます。だから、正直な商売により利潤が発生し、お金が貯まることも、そこに「神の恩寵」があるからだと考えるのです。お金持ちになるのは宗教的に悪いことではなく、むしろ「神の恩寵」なのです。

そして、さらにここに前述の「予定説」が絡んできます。「予定説」によると、信仰とは人間が自力で神を信じるものではなく、神のパワーで「神を信じさせてくれているもの」でしたね。しかし、私たち人間には、「神が信じさせてくれているのかどうか」、その確証がありません。だから、商売を頑張ってお金を貯めることで「神の恩寵」が自分にあることを確認しようとするのです。となれば、熱心なプロテスタントは頑張って労働することになりますよね。このようなプロテスタントの思考法が、近代資本主義に繋がったという説もあるくらいです。

ちなみに、皆さんもご存じの通り、宗教団体に対する寄付金は非課税ですから、集めた寄付金は一〇〇%教団で使用することができます。なぜ宗教団体が非課税なのか納得いかない人も多いと思いますが、これは宗教団体が趣味のサークルみたいなものとして扱われているからです。たとえば、あなたが仲良しグループの友達四人と温泉に行くために、友達四人から毎月積立金を預かったとしても、それに税金を掛けられるわけがありませんよね。宗教団体もそれと同じです。もちろん、非課税の寄付金はあくまで集団のためのものであってあなたの懐に入るわけではありませんが、しかし、あなたが温泉旅行の計画を一任されていれば、あなたは自分の好きな温泉地に行き、自分の好みに合わせて宿をチョイスできますよね？　その意味で、教祖はやはり美味しい立場だと言えるわけです。

†あえて寄付をしよう

前項「喜捨を受け付けよう」にて信者からガッポガッポとお布施を集めたあなた。しかし、人間、お金さえあればそれで幸せになれるわけではありません。それはあなたも同じことです。手元のお金を目一杯散財しても、それで得られる幸福は限られたものでしょう。そこで本書では、皆さんが本質的な意味での幸福を獲得するために、次の用法を提案します。そうです、そのお金であえて寄付をするのです。

と、言うと、あなたは「ちょ、ちょっと待ってくれ！　どうして寄付金を集めたのに、それをまた寄付しなきゃならないんだ！　この金はオレのものだ！　オレのものなんだ！」と青筋を立て、半狂乱になって猛り狂うことでしょう。まったく浅ましいことですね。ですが、少し落ち着いて下さい。「奪わんと欲すれば、まず与えよ」という老子の言葉もあります。あえて寄付をすることが、長い目で見ればあなたの本質的な幸福へと繋がるのです。

他者へ寄付することのメリットは、まず第一にあなた自身が尊敬と名誉を受けられることです。これは簡単な話ですよね。あなたの施しを受けた人たちは、あなたに感謝し、あなたへのリスペクトを示すことでしょう。そして、社会的に見ても、あなたは公然と素晴らしい行為をしているのですから、誰にも非難される謂《いわ》れはありません。「新興宗教の教祖なんてロクでもねえやつばかりだと思ってたが、あいつは一味違うな」と一目置かれたりもするでしょう。中には「偽善だ」と決め付ける者もいるでしょうが、そういう人は心が貧しいだけなので放置しておいて構いません。

そして、あなたのイメージアップは、むろん新規信者の獲得にも繋がります。信者の絶対数が増えれば、あなたの懐はもっと暖かくなるわけです。教祖という立場はいくら尊敬や名誉を受けても決して損にはなりません。そんな尊敬や名誉がお金で買えるのですから、これは設備投資と思って張り込むべきでしょう。大学に寄付すれば、名誉博士号だって貰えるかもしれませんしね。

そして、第二のメリットは内部的なものです。つまり、あなたの信者たちのことを考えてみて下さい。お金の出所は元々彼らなのですが、彼らからしてみれば、教団に寄付したお金が、信頼する教祖の手を経由して、貧しい人々に分配されていると感じられることでしょう。教祖が私利私欲に使っているわけではなく、正しいことのために使われているのだと思えば、毎月毎年の喜捨だって気前良く払えるわけです。つまり、あなたは信者からの信頼を厚くし、その上、更なる収入増まで見込めるということですね。なんと素晴らしいことでしょうか。

そして、第三のメリットは、恩義を受けたものは、必ずその恩を返そうとすることです。これを専門用語で「返報性」と言いますが、恩返しというのは一種のプレッシャーでもあるのです。例えば、中国の五斗米道《ごとべいどう》の例を見てみましょう。五斗米道といえば、三国志における曹操《そうそう》の宿敵、張魯《ちょうろ》でおなじみの教団ですが、彼らは「義舎」という施設を作りました。ここには食料が置かれており、飢えた旅人はそれを自由に食べることが許されていたのです。そして、それを利用した者たちは、本当に困っていた時に五斗米道に助けられたわけですから、五斗米道に恩義を感じるのは当然の話ですし、そんな五斗米道を信仰したとしても何の不思議もないのです。ところで、五斗米道という名は信者に五斗（約一〇リットル）の米を寄進させたことによります。一〇リットルもの米とは、明らかに一食の食事分より多いですよね。つまり、貧者を助けることは、将来的にはその数倍のリターンが見込めるということでもあるのです！

このように、あえて寄付をすることには多くのメリットがありますが、これの最大のポイントは、あなたの懐が一切痛まないということです。だって、元々、信者たちのお金ですからね。あなたは何も失うことなく、他人の金で名誉と尊敬だけを得ることができるのです。こんな旨い話があって良いものでしょうか。『君主論』のマキャベリも、「自分の金はケチっても、人から奪った金はケチらず振舞え」と言っています。それが上に立つものの度量というものです。

【コラム】イスラム教の喜捨

本文では、信者たちから集めたお金をあなたが寄付する場合のことを書きましたが、さらに言うならば、信者たちが困っている人に直接寄付をする形でも構いません。あなたが寄付するだけでは、「あの教団で素晴らしいのは教祖だけだ」と思われるかもしれませんが、あなたも信者もみんなして寄付をしていれば、これはもうケチの付けようがありませんよね。

これの具体的な実施方法ですが、たとえば、イスラム教にはザカートとサダカという二種類の喜捨が設定されています。税制と一体になっているのがザカート。個人の自由意志で行うのがサダカです。こう書くと「ザカートで一定の税金を払った上に、さらにサダカとして払えるだけ払え（税金を上乗せして払え）」という感じですが、実際はサダカはもっと個人的なものでもあります。たとえば道端で飢えている人を見かけたら、彼にお金を渡しても良いのです。これもサダカとされ、善行と見なされるのです。必ずお上を経由しなければならないわけではありません（もっと言えば、隣人に気持ちの良い挨拶をするだけでもサダカとされることもあります）。

また、サダカをする相手は非ムスリムであっても構いません。イスラム教というと、同じムスリム同士では助け合っても、他教の信者には冷たいイメージがあると思いますが、実は意外とそんなこともなかったりします。あまり知られてないだけで、非ムスリムの村に井戸を掘ってあげたり、災害救助をしたりとかも実はやっているのです。

ちなみに、なぜムスリムが非ムスリムにこんな施しをするかというと、相手が非ムスリムであってもアッラーは喜んでくれるからです。なんでアッラーが喜んでくれるかというと、アッラーはとても気前が良いからです。イスラム教のアッラーというと、なんだかとても怖いイメージがあると思いますが、しかし、このようにムスリムが他教の信者を助けても喜んでくれるくらい度量が広かったりもするのです。

とはいえ、アッラーも無制限に寛容なわけではなく、「ムスリムに歯向かってくるやつらにはサダカするな」とも言ってますので、この辺りは、「敵を愛し、迫害する者のために祈れ」と言っているキリスト教と違い、良くも悪くも実際的だなあと思いますが。

〈チェックリスト〉

- □ 出版をしたか？
- □ 不要品の需要を生んだか？
- □ 免罪符は売れているか？
- □ 寄付金の集め方に工夫は凝らしたか？
- □ 寄付金は集まっているか？
- □ 寄付はしているか？
- □ 名誉博士になったか？

第八章

後世に名を残そう

　ここまで来たあなたは既に教祖として大成功を収め、甘い汁もたっぷりと味わっていることでしょう。ですが、ここで気を緩めてはいけません。悔いを残さぬよう、最後の仕上げに取り掛かりましょう。偉大なる教祖として、あなたの名を歴史に刻み込むのです！

　さあ、ラストスパートです！

†国教化を企てよう

　当初、反社会性をもってスタートしたあなたの宗教も、本書の適切な指導により、今頃は巨大宗教団体として見事成功していることと思われます。世間的な栄耀栄華は既に味わい尽くしたことでしょう。ここまで来れば、後はあなたの名を歴史に刻み込むだけですね。

では、後世に名を残すためにも、ここいらで最大最高の反社会性を見せつけてやることにしましょう。そうです、国盗りです！　反社会性を極めることにより、一周回って、むしろ社会的になるのです！

たとえばキリスト教を見て下さい。ローマ帝国において当初あれほど迫害されていたキリスト教も、数百年の後には晴れてローマ帝国の国教となったではありませんか。ちょっと前まで闘技場でライオンに食わせるものだったキリスト教徒が、いつの間にやら国民のスタンダードにまで成長したのです。いじめられっ子が学級代表になるかのような見事な躍進と言えるでしょう。

そして、あなたもキリスト教の如く、我が国のスタンダードになりたいとは思いませんか？　そうです、そのためには国教化です！　国教化して全ての国民が「当たり前のように」あなたの宗教を奉じるようにするのです！　想像して下さい。国民全員が一丸となってあなたの教えに従う姿を。学校であなたの教えを必死に暗記する学生たちの姿を。あなたの定めた宗教行事を厳かに執り行う政府高官たちの姿を！　どうです？　想像するだに素晴らしい光景ではありませんか！

では、その国教化のための具体的方策ですが、これには大きく分けて三つの方法があります。一つは、あなたやあなたの信者たちが実力で国を立ち上げること。現代のイスラエルやサウジアラビアなどがそうですね。しかし、このやり方は本書では詳述しません。本書は立派な教祖になるためのマニュアルであって、君主となって天下を取るためのマニュアルではないからです。そういったマニュアルをお求めの方は、拙著『よいこの君主論』（ちくま文庫）をご参照下さい。

二つ目の手段は国王の一本釣りです。その地における最大権力者を熱心な信者に仕立て上げれば、それだけで国教化を成しうる可能性があります。仏教もアショーカ王が熱心に帰依したことで飛躍的な発展を遂げたのです。しかし、国王の一本釣りは、釣れている間に十分な発展があれば良いのですが、その国王もいずれは死んでしまいます。マニ教もシャープール一世の統治下では保護されて発展しましたが、後のバハラーム一世には迫害されて教祖マニが獄死という憂き目に遭っています。一人の権力者に依存した方策ですので、リスキーな面は否めません。

そして、三つ目は最もシンプルながらも確実な方法。すなわち、数の力で押し切ることです。キリスト教はどうして国教になりえたのでしょうか？　そうです、数が多かったからです。皇帝に「こいつらを迫害して敵に回すよりは、国教化して味方に付けた方がいいだろう」と思わせるまでにキリスト教徒は増えていたのです。数は力です。力があれば国教にもなれるのです。「産めよ、増えよ、地に満ちよ」との神のお言葉は伊達ではありません。

つまり、国教化を狙うには信者数を増やすことが肝要なのです。いまさら改めて書くのも馬鹿らしいことではありますが、これは真理です。どれほど反社会的な教えであっても、全員が反社会的であれば、それは社会的なのですから。ゾロアスター教を見て下さい。カエルを「悪」と見なした彼らは、「善行」と信じて、みんなでカエルを探しては必死に叩き潰していました。仏教国から見れば、生き物を無下に殺すこのような振る舞いは反社会的に見えますが、しかし、ゾロアスター教が国教であれば、反社会的に見えるこの行為も、また社会的行為となるのです。

反社会性を打ち出したあなたの宗教に眉をひそめる人も多いことでしょう。ですが、あなたの教えがスタンダードとなってしまえば、むしろ、あなたの教えに従わぬものの方が白眼視される時代が来るのです。素晴らしいことですよね。これが国教化の力なのです!

【コラム】国教化の功罪

……と、本文ではすっかり煽っておいてなんですが、しかし、「国教化」にはデメリットもあります。国教化とは「国の政治に組み込まれること」に他なりません。これは言い換えれば、宗教が政治に利用されるということでもあります。

たとえば、江戸時代の檀家《だんか》制度は幕府の戸籍管理とキリスト教対策に利用されました。檀家制度は寺院に安定した収入をもたらした半面、この安定収入が仏教僧の堕落を招き、これが現代日本仏教の弱体化に繋がっているとも言われているのです。江戸時代の仏教は幕府に保護され、とても優遇されていたように思うでしょうが、実際のところ、政治に利用されると、このようなデメリットも避けられないのです。何事も善悪両面ですね。

また、キリスト教についても同様のことが言えます。キリスト教がローマ帝国の国教となったことは一見すると華々しい歴史的偉業ですが、しかし、そのために生じたひずみもあるのです。キリスト教の国教化の裏には、「国民を全員キリスト教徒にすれば、思想的統制が取りやすくなる」というローマ皇帝の思惑があったわけですが、国民のイデオロギーを統一するためにキリスト教を利用するのであれば、そのキリスト教がいくつもの派に分かれていると困るわけです。なので、どうしても教義を統一し、異端に厳しい態度を取ることになります。その結果が「キリスト教は異端に厳しい」という、現代のキリスト教のマイナスイメージへと帰着しているのです。

さらに言うならば、わざわざ「国教化する」というのは、言い換えれば「国教化しなければならない」ということでもあります。たとえば、現代でもタイにおいて一部僧侶たちから仏教の国教化が叫ばれていますが、これにはタイ南部のイスラム勢力の影響があることは否めません。一枚岩でないからこそ国教化が必要になるわけです。本当に一枚岩なら国教がどうこうと騒ぎ立てるまでもなく、当たり前に皆がその宗教を奉じているはずですからね。国教化は「わざわざ」するものなのです。

これらのデメリットを鑑みると、国教化を狙うのも微妙な気がしてきますよね……。それに現代はグローバリゼーションもたけなわですし、こんな時代に一国の国教うんぬんにこだわるのも視野が狭いのかもしれません。現にバハイ教などは世界連邦の樹立を目標として活動していますし、あなたもいっそこのくらいデカイ目標を持つべきかもしれませんね。

†奇跡を起こそう

大勢力となった新興宗教のトップの座に立ち、多くの人々から崇められるあなた。しかし、何かが違う。かつて想像していたような伝説的教祖とは何か違う。何か足りない。あなたはきっとそのように感じていることでしょう。そう、あなたに足りないもの、それは

「奇跡」です。

　実際、伝統宗教の教祖には超人的伝説が付き物です。イエスは海の上を歩き、パン五つと魚二匹で五〇〇〇人を満腹にさせました。ムハンマドも天馬ブラークにまたがり空を飛んで神に会いに行きましたし、釈迦も生まれた途端に立ち上がって、「天上天下唯我独尊」と声を発したと伝えられています。こういった摩訶不思議で神秘的なエピソードが、教祖の一生に華を添え、その存在を神格化しているのです。むろん、あなたもこのような奇跡を起こして、彼らの仲間入りを果たしたいと思っていることでしょう。

　しかし、奇跡など起こそうと思っても、そうそう起こせるものではありません。かといってマジックで代用などの小手先のテクは、あなたがイエスやムハンマドに並ぶ宗教者でないことを自ら示すようなものですから止めて下さい。教祖はもっと悠然と構えておくべきです。

　では、どうすれば悠然と奇跡を起こせるのでしょうか。もっとも簡単なやり方を紹介しましょう。それは何もしないことです。というのも、奇跡はあくせく頑張って起こすものではなく、あなたの弟子たちによって起こしてもらうものだからです。

　一例を挙げましょう。伝説によれば釈迦は空を飛んでスリランカに旅行していたと言います。しかし、仏教というのはあれで極めて論理的な宗教ですから、釈迦がどれほどの聖人であっても、仏教の教義からすれば空は飛べないはずです。現代の感覚で言うならヴィトゲンシュタインが空を飛んだようなものですから。それに、実際のところ、釈迦は空を飛ぶどころか、ガンジス川流域から出たことすらないと言われているのです。

では、そういった歴史的事実にもかかわらず、なぜ釈迦は空を飛んでスリランカに旅行していたのでしょうか？　これには仏教の伝播が関わってきます。釈迦の死後、後代になってスリランカにも仏教が伝わったのですが、後発の仏教国であるスリランカとしては、他の仏教国に対して、「うちにもお釈迦様はちょくちょく来てたんだからね！」と張り合いたくもなったわけです。しかし、当時の交通事情を考えると、釈迦がちょくちょくスリランカに来たというのも無理のある話です。じゃあ、仕方ないですよね。ここはいっちょ釈迦に飛んでもらうしかありません。こうして釈迦は晴れて空中飛行の能力を手に入れ、空をビュンビュン飛んでスリランカへ行けるようになったわけです。奇跡はこんな感じで起こったりもするのです。

後世の人が奇跡に変えた例としてはイザヤ書も挙げられます。旧約聖書にはイザヤ書と呼ばれる一書があり、これを書いた預言者のイザヤさんは紀元前八世紀の人でした。しかし、イザヤ書にはそれから約二〇〇年後の、キュロス大王によるバビロニアの陥落が記されていたのです。

……と、このようにいうと、「二〇〇〇年も後のことが書かれてるなんてすごいなあ、まさに奇跡だ」と思うかもしれません。ですが、これも学問的な視点からは、「二〇〇〇年後のことが書かれてるんだから二〇〇〇年後に書いたんだろ」と考えられているわけです。すなわち、イザヤ書はイザヤさん一人が書いたわけではなく、カリスマ預言者であったイザヤさんの後継者ポジションの人たちが書いたものも含まれており、それが後に一冊にまとめられたのだと、多くの学者たちはそう考えているわけです。

もちろん、これは学者の現実的な見解であり、実際は本当にイザヤさんが一代で書き上げた奇跡の書なのかもしれません。どちらの立場からも意見はありますから、筆者は断言しませんが、しかし、仮に学者の見解が事実だったとした場合、これも「後世の人が奇跡へと変えた」一例と言えるでしょう。何の変哲もない、歴史を綴っただけのテキストが、その解釈によって奇跡の預言書へと変じたのです。

ここで挙げた事例は奇跡譚成立の一例に過ぎませんが、重要なのは、奇跡はあなたが起こすものではなく、あなたが「起こしたことになる」ということです。ですから、あなたもあくせくと奇跡の真似事などする必要はありません。きっと、後世になれば、弟子たちが何らかの形で奇跡を「起こしたことに」してくれるはずです。もちろん、実際にホンモノの奇跡を起こせる教祖だっているのかもしれません。しかし、少なくともあなたにはホンモノの奇跡なんて起こせないんですから、この方法を採るしかないですよね。

このように、あなたの教団が生き残る限り、好むと好まざるとにかかわらず、あなたはいずれ必ず奇跡を起こしてしまうのですから、早く童貞を捨てたい高校生のように「奇跡！　奇跡！」と喚きたてる必要などないのです。「童貞など、ふさわしい時が来ればいつでも捨てられる」くらいの気持ちで悠然と構えていて下さい。大丈夫です。きっとふさわしい時になれば奇跡は起こせます。

ところで、奇跡とは現実的に考えて起こらないことを奇跡と言います。再現性がないからこそ奇跡なのですが、それを起こす方法を示した本書こそ、まさに奇跡の書というべきかもしれませんね。

†神に祈ろう

これまで本書の教えに忠実に従い、教団を立ち上げ、大勢力に発展させ、そして、甘い汁をたっぷりと味わってきたあなた。本書に従えば確実に成功できることを、もはや疑いもなく実感していることでしょう。そして、後は歴史に名を残すのみという段階に至り、あなたはさらに熱心に本書を読み込み、歴史に名を残すため努力邁進していることと思います。

しかし、後世に名を残せるかどうか。こればかりは後世になってみないと分からないことです。死後に天国や極楽浄土があるのかどうか分からないのと同じですね。ですが、心配は要りません。あなたはこれまでも本書に従い、現に大成功を収めてきたのですから。本書にさえ従っていれば、後世に名を残し、多くの人から未来永劫慕われ、崇められることを、皆さんは毫《ごう》も疑っていないはずです。

日本には「人事を尽くして天命を待つ」という言葉もあります。あなたはこれまで本書の教えに従い、悪戦苦闘、粉骨砕身の日々を送ってきたはずです。そんなあなたの努力に天が報いぬことなどありうるでしょうか。いえ、そんなはずがありません！　あなたの努力はきっと報われます！　大丈夫です。神を信じて下さい。神の慈悲にすがるのです！　真に本書と神を信じることができたなら、あなたは死後の名誉を想い、憂えることなく幸せの中に人生を送ることができるでしょう。

大丈夫です。あなたの努力はきっと報われます。たとえ、今が巧くいってなくても問題ありません。イエスや日蓮を見て下さい。生前はあんなに迫害されていたのに、今ではあんなに大人気ではありませんか。世間から迫害を受けたとしても、それはあなたが真に正しい教え、すなわち本書の教えに従っている証拠です。神聖なる知識はしばしば愚《ぐ》昧《まい》な民衆どもの迫害を招くものです。また、イエスや日蓮のように、あなたも死後、気づいたら神の子や上行菩薩になっていたりするかもしれません。今が不遇でも、本書さえ信じていれば、死後にいくらでも逆転のチャンスがあるのです！

最後に繰り返します。本書は伝統宗教から成功法則を抽出して作られた極めて科学的なマニュアルです。そんな本書が後世に名を残す方法を示し、あなたはその通りに実践してきたのですから、あなたの名が歴史に残らないはずがないのです。信じるのです。本書を信じるのです。信じる者は救われます――。

〈チェックリスト〉

□ 自分の名が歴史に残ることを疑いもなく信じているか？

「感謝の手紙」

本書の読者から続々と感謝のお手紙が届いております！

＊

「人生が一変した！」　一ノ瀬謹和さん（二五歳）

私が「教祖マニュアル」を読んだのは二二歳の時でした。当時、大学四年生だった私は就職活動に敗れ、来年度からの無職生活を思って途方に暮れる日々を送っていましたが、そんな私を心配してか、母が本書を手渡してくれたのです。最初は「面倒くさいなあ」「教祖になんかなれるわけないじゃん」と思っていた私ですが、本書を読み進めていくうちに、「こんな簡単に教祖になれるのか」「これなら私でもできるかもしれない」と思うようになり、大学卒業と同時に一念発起し、辻説法から始めてみたところ、わずか一年の間に信者数万人、年収二〇〇〇万円の勝ち組教祖になることができました。本書の教えにそのまま従っていただけなのに、こんな簡単に大成功できるなんてビックリです！　母もとても喜んでくれています。

また、これまで私は女性からゴミムシを見るような目で見られていましたが、今では多数の女性信者に崇められ、かしずかれる毎日です。初めて恋人もできましたし、童貞も卒業できました。信者たちから毎日感謝の手紙が送られてきて、とても幸せな日々を過ごしています。こんなことなら、もっと早くから教祖になれば良かった、と後悔することしきりです。あと、母の勧め通り、本書を一〇冊買って神棚に飾っておいたら、その月のうちに信者数が倍になったことがありました。本当に霊験あらたかな本だと思います。それと、ペットの猫の癌も治りました。本書の著者二人には感謝してもしきれません。私の人生を変えてくれて本当にありがとう！

＊

「わずか一カ月で信者が三倍に！」　前田雄亮さん（五二歳）

「えーっ、こんな旨い話があるわけないじゃないか！」。それが本書を手に取った時の私の第一声でした。私は一〇年前に教祖になったものの、鳴かず飛ばずの売れない三流教祖で、昨今はとみに信者数も減退し、本気で引退も考えていました。そんな私が書店でたまたま手に取ったのが『完全教祖マニュアル』。本書に書かれている事柄は理に適っているように見えましたが、しかし、現役の教祖として活動してきた私には、「こんな簡単なことで巧くいくのかなあ」と半信半疑の気持ちが拭えませんでした。

それがどうでしょう！　本書の教えの通りに実践してみたところ、目に見えて信者数が増えていくではありませんか！　ピーク時には一カ月の間に信者数が三倍になったことさえあるのです！　まるで奇跡か魔法を見ているようで本当にビックリしました。同業者の教祖仲間たちも、「一体どうやったんだ？」と興味津々で聞いてくるので、最近では黙って本書を差し出すことにしています。

振り返ってみると、かつての私は教祖として信者たちに何をしてやれるかなど考えず、ただ闇雲に大地震予言ばかりを繰り返していました。こんな自己満足教祖では、信者が集まらないのも道理だったと思います。多くの人たちは、かつての私のように自己流で教祖をやっていると思いますが、自己流ではそのうち限界が来るはずです。有名教祖の成功例も、たまたま時代にマッチしただけに過ぎず、参考にはなりません。ですが、本書は極めて科学的なマニュアルであり、普遍の真理であるので安心して従うことができるのです。私は今からでも自分の教理を、本書に準じたものに作り替えようかと真剣に考えている程です。昔作った教理を見直していると、自己満足に過ぎなかったかつての自分が恥ずかしくなってきます。今では信者の皆さんの幸せそうな笑顔を見るのが毎日の楽しみです。『教祖マニュアル』は本当に素晴らしい本だと思います。

＊

「神の意志を正しく伝えられた！」　脇雄太郎さん（三三歳）

私が神の啓示を受けたのは二七歳の時でした。神から直接この世界のあり方に対する正しい知識を授けられた私は、当然それを伝えるべく人々に語りかけていったのですが、結果は惨憺《さんたん》たるものでした。三年後に起こる地球崩壊の脅威を私が熱烈に語っても、多くの人は私を無視し、ある者は石を投げ、通報しました。当然、私は人々を恨みましたが、しかし、今にして思えば、問題は人々にではなく、神の意志を効果的に伝えられない私自身にあったのです。

本書に出会うまでの私は、本当に行き当たりばったりな教祖だったと思います。迫害にあってはくじけ、試練にあっては挫折し、論争には負け、失うばかりの日々……。こんなことなら、神の声なんて聞けなければよかったのにと思うことさえありました。神はなぜこんな無力な私に使命を授けたのか。私には荷が勝ちすぎているのではないか。神を呪う日々でした。

そんな折、出会ったのが本書です。本書の科学的メソッドの数々は、私にはなかったテクニカルな補強をもたらしてくれました。その後の私の成功については新聞などをご覧になればわかりますから省略いたしますが、あのとき、本書がなければ、私は神を裏切っていたかもしれません。本書は私ばかりでなく、私が救い、そして私がこれから救うたくさんの人たちをも救ってくれたのです！　ありがとう教祖マニュアル！

あとがき――「信仰」についての筆者なりの捉え方

宗教現象を実践的、科学的、かつ、合理的に解説し、教祖のあるべき道を示した本マニュアルでしたが、これを読み終えた皆さんは、今頃、教祖として当然大成功を収めていることと思います。筆者も電車で宗教団体の中吊り広告を見るたびに、「ああ、きっと本書を読んで、こんな立派な教団を作ったに違いない」と目頭を熱くする毎日です。

なお、全体から見れば圧倒的少数派とは思いますが、教祖になるつもりなどなく、本書をただ知的好奇心から手に取った方にもそれなりに得るところのある本だと思っています。「作る側」からの視点で宗教現象を解説した書籍はこれまであまりなかったからです。筆者も「作る側」の視点に立つことで、今まで不合理や理不尽なだけだと思っていたアレやコレやが、意外と機能的なことに気付いてびっくりしたものです。まあ、本書は実用書ですから、知的好奇心のために読んだ読者など圧倒的少数だとは思いますが。

ところで、本文で何度も書いている通り、教祖のお仕事は人をハッピーにすることです。世界にはいろんな人がいて、いろんな時代やいろんな文化がありました。教祖はそんないいろんな状況に対して、ケースバイケースで対応し、人々にハッピーを与えていたのです。だから、いろんな宗教があるのですね。

それで、どうやってハッピーを与えていたかというと、彼らは人々に世界を解釈する斬新な方法を与えていたのです。私たちが何を考えていようとお構いなしに、「世界」は、こう、どーんと存在してますよね。問題は、私たちがその「世界」をどのように解釈するかということです。どう解釈したらハッピーに生きていけるのか、十人十色ですから、それは人によって違います。科学的に解釈するのも一つの選択ですし、キリスト教的に解釈しても、仏教的に解釈しても、イスラム教的に解釈しても構いません。それは自由ということになっています。「実はこれが正解でした！」というのが本当はあるのかもしれませんが、今のところ誰にも分からないので、自分がハッピーになれるものを選べばよいのです。教祖のお仕事は、そんな選択肢の一つを与えること、つまり、あなたなりの世界解釈を説くことなのです。

本書は様々な伝統宗教や新興宗教について、雑多なソースから得た知識を筆者なりに取捨選択し、「この情報はきっと正しいだろう」と信じるものを集めて構成されたものです。様々な異論、異説がある場合は、筆者なりの人生経験や世界観に即して情報を選別していますから、本書は宗教現象に対する筆者なりの一つの解釈と言えます。つまり、本書もまた一つの宗教であり、著者もまた一人の教祖として、皆さんのハッピーを願ってやまない者なのです。

本書の執筆にあたり、何名かの方から貴重な助言やコメントを頂きました。イスラムに関しては西田今日子さん、仏教に関しては中村甄ノ丞さんから多くの助言を頂きました。また、石濱裕美子先生、堀江宗正先生のお話からは多くの示唆を得ることができました。その他、ご協力頂きました皆さんに感謝いたします。

執筆協力：脇雄太郎

参考文献

青木健『ゾロアスター教』講談社選書メチエ、二〇〇八年
朝比奈宗源（訳注）『臨済録』岩波文庫、一九三五年
渥美堅持『イスラーム教を知る事典』東京堂出版、一九九九年
阿満利麿『日本人はなぜ無宗教なのか』ちくま新書、一九九六年
磯崎定基・飯森嘉助・小笠原良治訳『日訳サヒーフ・ムスリム』日本ムスリム協会、二〇〇一年
五木寛之『私訳歎異抄』東京書籍、二〇〇七年
井筒俊彦（訳）『コーラン』岩波文庫、一九五八年
井筒俊彦『マホメット』講談社学術文庫、一九八九年
井筒俊彦『イスラーム思想史』中公文庫、一九九一年
井筒俊彦『意識と本質』岩波文庫、一九九一年
井筒俊彦『イスラーム文化』岩波文庫、一九九一年
井上浩一『生き残った帝国ビザンティン』講談社現代新書、一九九〇年
井上順孝『若者と現代宗教』ちくま新書、一九九九年
井上順孝『図解雑学 神道』ナツメ社、二〇〇六年

上田和夫『ユダヤ人』講談社現代新書、一九八六年
大澤武男『ユダヤ人とローマ帝国』講談社現代新書、二〇〇一年
大島宏之『宗教のしくみ事典』日本実業出版社、一九九九年
越智道雄『新ユダヤ成功の哲学』ビジネス社、二〇〇七年
加地伸行『論語の世界』新人物往来社、一九八五年
加地伸行『老子の世界』新人物往来社、一九八八年
加地伸行『儒教とは何か』中公新書、一九九〇年
加地伸行『沈黙の宗教――儒教』筑摩書房、一九九四年
加地伸行『「論語」再説』中公文庫、二〇〇九年
加藤智見『図解 宗教のことが面白いほどわかる本』中経出版、二〇〇一年
門倉貴史『イスラム金融入門』幻冬舎新書、二〇〇八年
金岡秀友他『世界の宗教と経典・総解説』(増補新版) 自由国民社、一九八五年
狩野直禎『図解雑学 論語』ナツメ社、二〇〇一年
玄侑宗久『禅的生活』ちくま新書、二〇〇三年
源信(著)、石田瑞麿(翻訳)『往生要集』(上・下) 岩波文庫、二〇〇三年
小島孝之(校注・訳)『沙石集』(新編日本古典文学全集52) 小学館、二〇〇一年
眞田芳憲『日本人のためのイスラーム入門』佼成出版社、二〇〇五年
末木文美士『日蓮入門』ちくま新書、二〇〇〇年

鈴木紘司『預言者ムハンマド』PHP新書、二〇〇七年
鈴木大拙『禅学入門』講談社学術文庫、二〇〇四年
関田寛雄『図解雑学　聖書』ナツメ社、二〇〇一年
高橋弘『素顔のモルモン教』新教出版社、一九九六年
玉野和志『創価学会の研究』講談社現代新書、二〇〇八年
千葉乗隆『図解雑学　浄土真宗』ナツメ社、二〇〇五年
陳舜臣『儒教三千年』中公文庫、二〇〇九年
中尾良信『図解雑学　禅』ナツメ社、二〇〇五年
中田考『イスラームのロジック』講談社選書メチエ、二〇〇一年
中田考『イスラーム法の存立構造』ナカニシヤ出版、二〇〇三年
中村廣治郎『イスラム教入門』岩波新書、一九九八年
並木浩一他『ヘブライズムとヘレニズム』新地書房、一九八五年
西村恵信（訳注）『無門関』岩波文庫、一九九四年
日本イスラム協会他（監修）『新イスラム事典』平凡社、二〇〇二年
橋爪大三郎『世界がわかる宗教社会学入門』ちくま文庫、二〇〇六年
蜂屋邦夫『図解雑学　老子』ナツメ社、二〇〇六年
浜本隆志『魔女とカルトのドイツ史』講談社現代新書、二〇〇四年
挽地茂男『図解雑学　キリスト教』ナツメ社、二〇〇五年

ひろさちや『なぜ人間には宗教が必要なのか』（新装版）講談社、二〇〇四年
広沢隆之『図解雑学 仏教』ナツメ社、二〇〇二年
藤井寛清『図解雑学 日蓮』ナツメ社、二〇〇五年
星川啓慈『世界の宗教』実業之日本社、二〇〇六年
正木晃『性と呪殺の密教』講談社選書メチエ、二〇〇二年
前嶋信次（編）『西アジア史 新版』（各国世界史11）山川出版社、一九七二年
前嶋信次『イスラム文化と歴史』誠文堂新光社、一九八四年
前嶋信次『イスラム世界』（世界の歴史8）河出文庫、一九八九年
松長有慶『秘密集会タントラ和訳』法蔵館、二〇〇〇年
松本浩一『中国人の宗教・道教とは何か』PHP新書、二〇〇六年
ミルトス編集部（編）『やさしいユダヤ教Q＆A』ミルトス、一九九七年
宮田律『物語 イランの歴史』中公新書、二〇〇二年
山内昌之『イスラームと世界史』ちくま新書、一九九九年
山下博司『ヒンドゥー教』講談社選書メチエ、二〇〇四年
由木義文『よくわかるお経の本』講談社ことばの新書、二〇〇〇年
吉本伊信『内観への招待』朱鷺書房、一九九三年
吉田敦彦『日本神話と印欧神話』弘文堂、一九七四年
渡部真弓『神道と日本仏教』ぺりかん社、一九九一年

W・O・コウル、P・S・サンビー（著）、溝上富夫（訳）『シク教』筑摩書房、一九八六年
コリン・ウィルソン（著）、関口篤（訳）『カリスマへの階段』青土社、一九九六年
ジェラール・ベシエール（著）、田辺希久子（訳）『イエスの生涯』創元社、一九九五年
ジャン・ダニエルー（著）、上智大学中世思想研究所（訳）『キリスト教史』（1）平凡社ライブラリー、一九九六年
スタンレー・ミルグラム（著）、山形浩生（訳）『服従の心理』河出書房新社、二〇〇八年
ダライ・ラマ十四世テンジン・ギャムツォ（著）、石浜裕美子（訳）『ダライ・ラマの仏教入門』知恵の森文庫（光文社）、二〇〇〇年
トーマス・レーメル（著）、遠藤ゆかり（訳）、矢島文夫（監修）『モーセの生涯』創元社、二〇〇三年
A・M・デルカンブル（著）、後藤明（監修）、小林修・高橋宏（訳）『ムハンマドの生涯』（改訂新版）創元社、二〇〇三年
ニッキー・グニンデール・コウル・シング（著）、高橋尭英（訳）『シク教』青土社、一九九四年
ノーマン・ソロモン（著）、山我哲雄（訳）『ユダヤ教』岩波書店、二〇〇三年
ピエール・ジベール（著）、遠藤ゆかり（訳）、船本弘毅（監修）『聖書入門』創元社、二〇〇〇年
ピエール・ブリアン、柴田都志子（訳）、小川英雄（監修）『ペルシア帝国』創元社、二〇〇〇年
ポーラ・R・ハーツ（著）、奥西峻介（訳）『バハイ教』青土社、二〇〇三年

マドゥ・バザーズ・ワング（著）、山口泰司（訳）『ヒンドゥー教』青土社、一九九四年
H・I・マルー（著）、上智大学中世思想研究所（訳）『キリスト教史』（2）平凡社ライブラリー、一九九六年
ミシェル・タルデュー（著）、大貫隆、中野千恵美（訳）『マニ教』（文庫クセジュ）白水社、二〇〇二年
ミルチャ・エリアーデ（著）、風間敏夫（訳）『聖と俗』法政大学出版局、一九六九年
ラビ・マービン・トケイヤー（著）、加瀬英明（訳）『ユダヤ・ジョーク集』、実業之日本社、二〇〇七年
ロバート・B・チャルディーニ（著）、社会行動研究会（訳）『影響力の武器』（第二版）誠信書房、二〇〇七年
『聖書　新共同訳　旧約聖書続編つき』日本聖書協会、一九八七年
『カトリック教会の教え』カトリック中央協議会、二〇〇三年
『バハイ』バハイ国際共同体、二〇〇三年
『南伝大蔵経60巻』大蔵出版、二〇〇五年

ちくま新書

814

完全教祖《かんぜんきょうそ》マニュアル

二〇〇九年一二月一〇日　第一刷発行
二〇二五年　六　月一〇日　第二四刷発行

著者　架神恭介（かがみ・きょうすけ）
辰巳一世（たつみ・いっせい）

発行者　増田健史

発行所　株式会社　筑摩書房
東京都台東区蔵前二―五―三　郵便番号一一一―八七五五
電話番号〇三―五六八七―二六〇一（代表）

装幀者　間村俊一

印刷・製本　株式会社　精興社

ISBN978-4-480-06513-1 C0214

ちくま新書

482 **哲学マップ**　貫成人

難解かつ広大な「哲学」の世界に踏み込むにはどうしても地図が必要だ。各思想のエッセンスと思想間のつながりを押さえて古今東西の思索を鮮やかに一望する。

473 **ナショナリズム**　——名著でたどる日本思想入門　浅羽通明

小泉首相の靖国参拝や自衛隊のイラク派遣、北朝鮮による拉致問題などが浮上している。十冊の名著を通して、日本ナショナリズムの系譜と今後の可能性を考える。

474 **アナーキズム**　——名著でたどる日本思想入門　浅羽通明

大杉栄、竹中労から松本零士、笠井潔まで十冊の名著をたどりながら、日本のアナーキズムの潮流を俯瞰する。常に若者を魅了したこの思想の現在的意味を考える。

627 **『新約聖書』の「たとえ」を解く**　加藤隆

イエスが「たとえ」に込めたメッセージとは何か？「隣人愛」から「人間の平等」まで、史的イエスの真意をさぐり、『新約聖書』の複雑で豊かな世界を案内する。

689 **自由に生きるとはどういうことか**　——戦後日本社会論　橋本努

戦後日本は自由を手に入れたが、現実には閉塞感が蔓延するばかりだ。この不自由社会を人はどう生き抜くべきか？　私たちの時代経験を素材に描く清新な「自由論」。

734 **寺社勢力の中世**　——無縁・有縁・移民　伊藤正敏

最先端の技術、軍事力、経済力を持ちながら、同時に、国家の論理、有縁の絆を断ち切る中世の「無縁」所。第一次史料を駆使し、中世日本を生々しく再現する。

396 **組織戦略の考え方**　——企業経営の健全性のために　沼上幹

組織を腐らせてしまわぬため、主体的に思考し実践しよう！　組織設計の基本から腐敗への対処法まで「これウチの会社！」と誰もが嘆くケース満載の組織戦略入門。

ちくま新書